Jürgen Em
Michael Spangenberger (Hrsg.)

Theologien der Befreiung

Herausforderung an Kirche, Gesellschaft und Wirtschaft

Deutscher Instituts-Verlag

CIP-Kurztitelaufnahme der Deutschen Bibliothek

Theologien der Befreiung: e. Herausforderung an Kirche, Gesellschaft u. Wirtschaft / (hrsg. vom Inst. d. Dt. Wirtschaft).
Jürgen Em; Michael Spangenberger (Hrsg.) – Köln: Deutscher Instituts-Verlag, 1985.
ISBN 3-602-14165-9

NE: Em, Jürgen [Hrsg.]; Institut d. Dt. Wirtschaft ⟨Köln⟩

Herausgegeben vom Institut der deutschen Wirtschaft

Gustav-Heinemann-Ufer 84–88, 5000 Köln 51, Telefon 3 70 83 41

Druck: Bercker, Kevelaer

Inhalt

Vorwort

Das Studiengespräch 1985, das vom Institut der deutschen Wirtschaft, der Bundesvereinigung der Deutschen Arbeitgeberverbände und der Gilde Katholischer Ingenieure Deutschlands veranstaltet wurde, widmete sich einem Thema, das äußerst kontrovers innerhalb und außerhalb der christlichen Kirchen, in Entwicklungsländern gleichermaßen wie in Industrienationen diskutiert wird.

Durch diese Veranstaltung sollte deutlich gemacht werden, wie sehr dieses innerkirchliche und theologische Streitobjekt Wirkungen zeitigt für die Gesellschafts- und Wirtschaftsauffassungen in der Dritten Welt.

Besonders sollte aufgezeigt werden, wie stark der Einfluß marxistischen Gedankengutes und marxistischer Gesellschaftsanalyse auf einzelne Richtungen der Befreiungstheologien heute ist und welche Gefahren sich daraus für die Kirchen, die Gesellschaft und die Wirtschaft ergeben.

Die hier veröffentlichten Beiträge hoher Amtsträger der beiden christlichen Kirchen und von Sozialethikern beider Konfessionen wie auch der Beitrag des Präsidenten der Bundesvereinigung der Deutschen Arbeitgeberverbände trugen dazu bei, die geladenen Vertreter der kirchlichen Sozialverbände und der Industrie sensibel zu machen für die theologischen und politischen Implikationen der Befreiungstheologien.

Das große publizistische Echo zeigte dann auch, wie sehr die Öffentlichkeit nach Informationen über dieses Thema verlangt, die zum einen die positiven Grundansätze der Befreiungstheologie würdigen wie auch die Gefahren offenkundig werden lassen.

Dabei erweist sich das Problem als eine Herausforderung, die sich nicht nur den Kirchen, sondern auch den Vertretern der deutschen Wirtschaft stellt, soweit sie entweder mit dem Kirche-Wirtschaft-Dialog befaßt sind oder durch ihre Unternehmen selbst in Entwicklungsländern engagiert sind.

Es wurde deutlich, daß harte Kontroversen über dieses Thema noch bevorstehen, die nicht nur den Vatikan oder den Weltrat der Kirchen betreffen, sondern auch die allgemeine politische Diskussion einbeziehen werden.

So ist der vorliegende Berichtsband gedacht als eine erste fundierte Information und auch zur Bewußtmachung der Probleme, die sich weltweit aus dieser Thematik ergeben.

Die Herausgeber

Joseph Kardinal Höffner

Das Verhältnis der Theologien der Befreiung zur katholischen Soziallehre

Das Ringen um die Freiheit hat in der katholischen Kirche von Anfang an eine bedeutende, oft erregende Rolle gespielt. Es tritt auf vier verschiedenen Ebenen auf.

Vierfache Freiheit

Unter Freiheit wird zunächst die *Willensfreiheit* als wesenhafte Würde des Gott ebenbildlichen Menschen verstanden. Sie ist die Fähigkeit, sich selbstmächtig und eigenursächlich verschiedenen Möglichkeiten gegenüber so oder so zu entscheiden, ohne durch psychischen Determinismus eindeutig in eine bestimmte Richtung genötigt zu werden. Ohne persönliche Willensfreiheit ist sittliche Verantwortung unmöglich, so daß Schuld und Sühne, Lohn und Strafe ihren Sinn verlören. Damit bestreite ich nicht, daß der Mensch bei seinen Entscheidungen bewußt und unbewußt in vielfacher Weise (erblich, psychisch, gesellschaftlich) beeinflußt wird und – besonders im Zeitalter der Massenmedien – der Manipulation ausgesetzt ist. Heute breiten sich Unsicherheit und Entscheidungsangst immer mehr aus. Obwohl – oder weil – die moderne Gesellschaft alles für „machbar" hält, wird sie immer ratloser, so daß die Beratungsstellen ständig zunehmen.

Freiheit bedeutet in der katholischen Gedankenwelt zweitens ein Geschehnis, nämlich *die gnadenhafte Befreiung des Menschen* von Sünde und Tod, womit die unergründliche Spannung zwischen Willensfreiheit, Gnade und Vorherbestimmung berührt ist. „Zur Freiheit hat uns Christus befreit", sagt die Schrift (Gal. 5, 1).

Drittens: die *innerkirchliche* Freiheit. Hier geht es um die Frage eines legitimen innerkirchlichen Pluralismus.

Viertens wird unter Freiheit die Freiheit *im gesellschaftlichen Bereich* verstanden, die dann verwirklicht ist, wenn die Würde und Subjektstellung des Menschen, der nicht zum bloßen Objekt gesellschaftlicher, politischer oder wirtschaftlicher Prozesse erniedrigt werden darf, gewahrt bleibt. Der Mensch, so sagt die Schrift, ist Ebenbild Gottes, durch Christus erlöst und durch die Taufe zur „neuen Schöpfung" (Gal. 6, 14) geworden, „der göttlichen Natur teilhaftig" (2. Petr. 1, 4). In diesem Schriftwort liegt eine ungeheure gesellschaftliche Dynamik und Sprengkraft. Als zur Zeit der mittelalterlichen Grundherrschaft die Bauern vielfach menschenunwürdig behandelt wurden, erhoben zahlreiche Prediger öffentlich Protest. „Jetzt unterjocht man euch", rief Frater Ludwig den Bauern zu, „am Tage des Gerichtes aber werdet ihr den Herren den Fuß aufs Genick setzen."[1]

Als sich im Zeitalter des Frühkapitalismus die Herrschaft der Monopole ausbreitete, erhoben führende Theologen heftigen Protest. Die Monopolisten schaden, so urteilte Johannes Medina, dem Staate mehr „als Mißernten und Heuschrecken".[2] Franz Sylvius nannte die Monopolisten „Usurpatoren", da sie sich widerrechtlich zu Urhebern der Preise machten[3] und die Freiheit des Marktes zerstörten. Auch gegen das Proletarierelend in der ersten Hälfte des 19. Jahrhunderts wurde leidenschaftlich protestiert. Ich bringe nur wenige Zeugnisse aus der Zeit vor dem „Kommunistischen Manifest". Nicht selten wird ja behauptet, die deutschen Katholiken hätten das Elend der Proletarier im 19. Jahrhundert nicht gesehen. Erst die sogenannte marxistische Analyse habe den Menschen die Augen geöffnet. Dieses Urteil entspricht nicht den Tatsachen. Längst vor Karl Marx haben führende Kreise im deutschen Katholizismus die Lage der Arbeiter untersucht. Die offizielle Soziallehre der Kirche hatte damals noch nicht zu den neuen sozialen Entwicklungen Stellung genommen. Jene Katholiken handelten aus ihrem christlichen Gewissen. Ihre Anlayse kam zu folgendem Ergebnis:

1. *Eine ungebändigte Konkurrenz wirkt sich schädlich aus.* Der Koblenzer Jurist und Politiker Peter Franz Rechensperger schrieb 1847 – ein Jahr vor dem Kommunistischen Manifest –, es sei seit Adam Smith „gewissermaßen Lehrdogma" geworden, „daß aus dem Vorteil aller Einzelnen der der Gesamtheit sich erbaue". Diese „einseitige und kurzsichtige Theorie" übersehe, „daß der Gewinn des Einzelnen, welcher mit dem zehnfachen Verlust anderer erkauft werde", kein Gewinn, sondern Raubbau sei. Das „in seine äußersten Konsequenzen getriebene Prinzip der unbeschränkten Konkurrenz" sei „dem Hunger vergleichbar, der nicht bloß zum Fleiße und zur Anspannung aller Kräfte treibt, sonder auch ... zu Akten der Verzweiflung und zur Mißachtung jedes Rechtsgefühls führt".[4] Man erkannte, daß es Menschengruppen gibt, die außerhalb des Marktmechanismus stehen, zum Beispiel Kinder, kranke und alte Menschen. Ritter von Bus forderte deshalb am 25. April 1837 in einer denkwürdigen Rede im Badischen Landtag den Arbeiterschutz und die Sozialversicherung, die Beschränkung der Kinderarbeit, die Verkürzung der Arbeitszeit, Sonntagsruhe, Kranken- und Hilfskassen etc. Peter Franz Reichensperger bemerkte 1847 mit Recht, daß die Gesamtheit der Nation die durch die Sozialpolitik etwa herbeigeführte „Verteuerung der Manufakturerzeugnisse ..." als eine unabweisliche Last des sozialen Lebens „hinnehmen müsse".[5]

2. *Klassenspaltung.* Im Jahre 1823 schrieb der Mainzer „Katholik", die Entwicklung gehe dahin, die menschliche Gesellschaft in zwei Klassen, „in Prasser und hungernde Bettler, in Menschen und Lastvieh, in Reiche und Arme gänzlich auszuscheiden".[6]

3. *Verelendung der Proletarier.* Längst vor Karl Marx ist auf die Verproletarisierung hingewiesen worden. So heißt es zum Beispiel in den von Joseph Görres gegründeten „Historisch-politischen Blättern", während man in den Parlamenten über abstrakte Staatstheorien debattiere, stehe „der Hunger in Lumpen gehüllt ungeduldig draußen vor der Türe, klopfe mit drohendem Finger an und verlange Brot und Kleid".[7]

4. *Gefahr des Kommunismus.* Ein Jahr vor dem Kommunistischen Manifest, im Herbst 1847, schrieben die „Historisch-politi-

schen Blätter", die proletarische Revolution werde „einen pseudomystisch-fanatischen Charakter" annehmen und ein „apokalyptisches Reich der Zukunft" aufzubauen versuchen.[8] Der Kommunismus, so heißt es einige Jahre später, sei „durchaus nicht eine Unmöglichkeit", sondern „eine Konsequenz des politischen Entwicklungsganges in Europa und eben deswegen die Gefahr vor ihm dringender als man glaubt".[9] Die Knechtschaft werde „wie ein schweres Gewitter von Osten her über unsere ratlosen Häupter" ziehen und „jenes bekannte, aus Leder geflochtene östliche Regierungs- und Beglückungsinstrument" schwingen.[10]

5. *Indoktrination durch Ideologen.* Es wird beklagt, daß aus dem Bürgertum stammende Ideologen die Arbeiter zu verwirren und zu verhetzen suchten. „Sind es Proletarier", so liest man 1847 in den Historisch-politischen Blättern, „welche die Druckpressen unter gottesleugnerischen Pamphleten . . . seufzen machen? . . . Keineswegs, es sind sehr gebildete Advokaten, sehr reiche Kaufleute, Gutsbesitzer, ja die Beamten selbst . . . So widersinnig es klingt, so ist es doch wahr, daß die Gebildeten und Reichen selbst den Proletariern Brandbriefe in die Hände geben, mit der dringenden Bitte: Plündert uns, zündet unsere Häuser an, schlagt uns tot . . . Wir appellieren an die Geschichte; vielleicht bewahrt sie unsere Berufung auf."[11] „Da haben sie auf den Barrikaden gestanden", schrieb Adolph Kolping 1848, „und für Schwätzer hat das Blut armer Handwerksburschen fließen müssen."[12]

Die Analyse der sozialen Verhältnisse, wie sie führende deutsche Katholiken im vorigen Jahrhundert gegeben haben, dürfte zutreffender und heute für die Dritte Welt wertvoller sein als die sogenannte marxistische Analyse.

Ursprung der Theologie der Befreiung

Die Theologie der Befreiung, die Ende der sechziger und Anfang der siebziger Jahre in Lateinamerika entstanden und inzwischen zu einer einflußreichen Bewegung geworden ist, läßt sich ohne das durch Unterentwicklung und Ausbeutung bedingte Massenelend in jenem Erdteil nicht verstehen. Ideengeschichtlich ist die Theologie der Befreiung, deren Wortführer die katholischen Priester Gustavo Gutiérrez, Juan Luis Segundo SJ, Leonardo Boff OFM und Clodovis Boff OSM sind, weithin von den „politischen Theologien" abhängig, die in den letzten Jahrzehnten in Europa viel von sich reden machten.

Ekklesiologische Bedenken

Auch wenn die Theologie der Befreiung kein einheitliches System, sondern in verschiedene Richtungen gespalten ist, läßt sich doch ein gemeinsames Anliegen erkennen: Befreiung wird an erster Stelle als Errettung der ausgebeuteten Armen aus gesellschaftlicher Unterdrückung verstanden. Im Hinblick auf das Heilswerk Jesu Christi ist diese einseitige Ausrichtung nicht unbedenklich. Es droht die Gefahr, die Kirche Jesu Christi in einer Weise zu deuten, die dem katholischen Glaubensverständnis widerspricht. Am 11. März 1985 hat die Glaubenskongregation eine vom Papst ausdrücklich gebilligte Erklärung abgegeben, die sich nicht mit der Befreiungstheologie befaßt, sondern ekklesiologische Aussagen des Franziskaners Leonardo Boff zurückweist, da sie die gesunde katholische Lehre gefährden. Leonardo Boff behauptet, „als Institution habe die Kirche in den Vorstellungen des historischen Jesus noch keinen Platz gehabt, sondern sie sei eine spätere, nachösterliche Entwicklung". Auch dürfe die katholische Kirche „nicht den Anspruch erheben, sie allein sei mit der Kirche Christi identisch, da diese auch in anderen christlichen Kirchen subsistieren" könne. Endgültige Glaubensentscheidungen des kirchlichen Lehramtes (Dogmen) seien „in ihrer Formulierung ... nur für eine bestimmte Zeit und für bestimmte Verhältnisse gültig". Die Glaubensaussagen unterlägen einem „dialektischen Prozeß", und „in einem zweiten Moment dieses dialektischen Prozesses" müsse „der Text über sich selbst hinausweisen und einem anderen Text, dem des Glaubens heute, Platz machen".[13]

Die Glaubenskongregation hat diese Auffassungen als unkatholisch abgelehnt und auf das Zweite Vatikanische Konzil verwiesen, das erklärt: „Dies ist die einzige Kirche Christi. ... Diese Kirche, in dieser Welt als Gesellschaft verfaßt und geordnet, ist verwirklicht in der katholischen Kirche, die vom Nachfolger Petri und von den Bischöfen in Gemeinschaft mit ihm geleitet wird". Das Konzil fügt hinzu: „Das schließt nicht aus, daß außerhalb ihres Gefüges vielfältige Elemente der Heiligung und der Wahrheit zu finden sind, die als der Kirche Christi eigene Gaben auf die katholische Einheit hindrängen."[14]

Am 26. April 1985 hat die Glaubenskongregation an den Generalminister des Franziskanerordens ein Schreiben gerichtet, das großes Aufsehen erregt hat. In diesem Schreiben wird angeordnet, „daß Pater Leonardo Boff, auf Grund der geäußerten Vorbehalte seiner Theologie gegenüber, eine Periode des ehrfurchtsvollen Schweigens beachten" muß. Auf diese Weise werde ihm „ein gebührendes Nachdenken" und „eine Reifung seiner Theologie" ermöglicht. Kardinal Ratzinger hat in einem Interview in der Wiener Kirchenzeitung (7. Juli 1985) dargelegt, daß die Auferlegung des „ehrfurchtsvollen Schweigens" weniger „den Charakter einer Strafe als einer Hilfe und eines Schutzes" haben solle. Auch müsse man bedenken, „daß er in der Franziskaner-Hochschule weiter lehrt, daß er natürlich auch predigen und auch schreiben kann. ... Was wir eigentlich verhindern wollten, ist, daß er in eine Welle von internationalen Vorträgen und Interviews hereingerät. Man hat ja gesehen, wie er von der Presse und den Massenmedien doch irgendwie instrumentalisiert worden ist. Und was also abgeschnitten ist, ist nur diese Öffentlichkeitsarbeit, von der wir meinen, daß sie seiner eigentlichen theologischen Arbeit nicht dienlich ist. Es liegt auch in seinem Interesse, daß er nicht in diesen Strudel hineingezogen wird."

Nun ist es nicht meine Absicht, mich mit den Anfragen zu befassen, die von der Soteriologie, der Christologie und der Ekklesiologie an die Theologie der Befreiung gestellt werden müssen. Mich bewegt vielmehr die Frage, wie sich die Theologie der Befreiung zur Soziallehre der Kirche verhält. Denn auch der katholischen Soziallehre geht es um die Würde und Freiheit des Menschen. Alle Sozialenzykliken – von „Rerum novarum" (1891) bis „Laborem exercens" (1981) – sind Dokumente der Befreiung.

Gestörtes Verhältnis zur Soziallehre der Kirche

Offensichtlich haben die Verfechter der Theologie der Befreiung ein gestörtes Verhältnis zur Soziallehre der Kirche. Es kümmert sie wenig, daß die Soziallehre der Kirche vom authentischen Lehramt verkündigt wird, während es sich bei der Theologie der Befreiung um die privaten Äußerungen etlicher Professoren handelt. Die Autorität der Soziallehre der Kirche ist qualitativ eine andere als die der Professoren.

Die „sogenannte Soziallehre der Kirche", so erklärt Pater Clodovis Boff OSM, sei in Lateinamerika „wenig bekannt"; ein gewisses Interesse für diese Soziallehre bestehe bei den christdemokratischen Parteien, bei der Vereinigung katholischer Unternehmer und „in bestimmten Gruppen der Basisbewegung", obwohl sich die kirchlichen Basisgemeinden „an erster Stelle und normalerweise nicht nach der kirchlichen Soziallehre, sondern nach dem Evangelium" orientierten – als ob die Soziallehre der Kirche dem Evangelium widersprechen würde. Die Soziallehre der Kirche sei zwar „theoretisch gegen den Kapitalismus", aber „in der Praxis stärke sie das herrschende System". Sie sei ohne „mystische Anziehungskraft", stelle nur allgemeine Grundsätze auf und sei deshalb unfähig, die Gesellschaft zu verändern. Sie sei zwar nicht verkehrt, aber unzureichend und müsse deshalb durch die Theologie der Befreiung „mit Inhalten gefüllt" und auf diese Weise dialektisch überwunden und aufgehoben werden.[15] Papst Johannes Paul II. warnte in seiner Ansprache an die Generalversammlung der lateinamerikanischen Bischöfe in Puebla am 28. Januar 1979 davor, „Zweifel und Mißtrauen gegenüber der Soziallehre der Kirche zu säen".[16]

Auch die Vollversammlung der Brasilianischen Bischofskonferenz hat am 19. April 1985 in einem „Brief an die in der Pastoral Tätigen und an die Gemeinden" erklärt: „Die Beschäftigung mit der Soziallehre der Kirche muß insbesondere im Hochschulstudium und in den Bildungseinrichtungen für Geistliche und Pastoralreferenten aufgewertet werden."

Ich werde unter fünf Stichworten die Soziallehre der Kirche und die Theologie der Befreiung einander gegenüberstellen: Die Armen – Das Volk – Die marxistische Analyse – Die Revolution – Die sozialistische Gesellschafts- und Wirtschaftsordnung.

Die Armen

Die „Option für die Armen" ist kein Eigengut der Theologie der Befreiung. In seiner Ansprache vor dem Lateinamerikanischen Bischofsrat (CELAM) in Rio de Janeiro am 2. Juli 1980 sagte Papst Johannes Paul II.: „Angesichts der ausgedehnten Gebiete, die vom Elend betroffen sind, und angesichts des Abgrundes, der Reiche und Arme trennt . . ., habt ihr mit Recht auf eine Option zugunsten der Armen gedrungen." Sodann sprach der Papst den einschlägigen Texten des Dokuments von Puebla seine Anerkennung aus: daß Gott die Armen ganz besonders liebt, daß der beste Dienst an den Armen ihre Evangelisierung ist, die sich auch in der Intensivierung der sozialen Aktivitäten auswirken muß.[17]

Es muß Herz und Gewissen der Menschen in den wohlhabenden Staaten erschüttern, daß heute von den rund 4,8 Milliarden Menschen eine Milliarde teils unterernährt ist, teils buchstäblich Hunger leidet. Nach den Schätzungen der Ernährungs- und Landwirtschaftsorganisation der Vereinten Nationen (FAO) waren in der Zeit von 1974 bis 1976 durchschnittlich 436 Millionen Menschen in der Welt am Hungern und am Verhungern. Für das Jahr 1990 wird die Zahl dieser Notleidenden auf rund 350 Millionen geschätzt. In den sogenannten Entwicklungsländern lassen die überkommenen Feudalsysteme, der Kapitalmangel, die primitiven Ackerbaumethoden, die fehlende berufliche Ausbildung, die hinausgezögerte Agrarreform, der geringe Preis der von den Entwicklungsländern auf den Weltmärkten angebotenen Rohstoffe und zahlreiche andere Gründe, vielleicht auch eine mangelnde Initiative der Unternehmer, den wirtschaftlichen Aufschwung nur schwer in Gang kommen. Die Folgen stellen eine Kette des Elends dar: fehlende Arbeitsplätze – Arbeitslosigkeit – Armut – fehlende Nachfrage – geringe landwirtschaftliche Erzeugung – geringes Angebot – Unterernährung.

Angesichts des Elends in den Entwicklungsländern ist es ein Gebot der gesamtmenschlichen Gemeinwohlgerechtigkeit, den notleidenden Völkern tatkräftig zu Hilfe zu kommen. Die hungernden Völker erwarten vor allem von den Christen ein Zeichen. Bleibt dieses Zeichen aus, droht die Gefahr, daß ein „zweiter Messias" durch „großtuerische, aber trügerische Versprechungen" die Massen aufwiegeln und an „totalitäre Ideologien" ausliefern wird.[18]

In vielen Entwicklungsländern, zum Beispiel in Lateinamerika, ist eine Agrarreform (Überwindung der Latifundien- und Minifundienstruktur) dringend geboten. Bei der Durchführung ist eine Entschädigung nach dem Verkehrswert weder möglich noch von der Soziallehre der Kirche gefordert. Wenn der Soldat sein Leben für das allgemeine Wohl ohne Entschädigung einsetzen muß, wird der Mensch erst recht verpflichtet werden können, zur Behebung schwerster, den Bestand des Staates bedrohender Mißstände auf Vermögenswerte gegen eine den Verhältnissen angepaßte Entschädigung zu verzichten.[19] Die Kirche wird an die Gewissen ihrer Gläubigen und aller Menschen guten Willens appellieren. Leider geben einflußreiche Vertreter der Theologie der Befreiung der „Option für die Armen" einen Sinn, der theologisch nicht haltbar ist.

1. *Option für die Armen* bedeutet, daß die Kirche sich vorzugsweise, aber nicht ausschließlich den Armen zuwendet. Es ist mißverständlich, wenn Gustavo Gutiérrez schreibt: „Sich für den Armen entscheiden heißt, sich für eine Gesellschaftsklasse entscheiden und gegen eine andere"[20]; das Evangelium müsse von den Armen her neu gelesen werden.[21] Leonardo Boff meint, wenn Arme und Reiche in der heiligen Messe gemeinsam zum Tisch des Herrn gingen, verwendeten sie zwar dieselben Symbole, füllten sie jedoch „mit anderen, der Klassensituation entsprechenden Inhalten"; in der Kirche kommunizierten sie gemeinsam, „in der Fabrik exkommunizieren sie sich".[22] Es wird berichtet, daß bei einer Befragung von 3387 Seminaristen Brasiliens nur 20 sich bereit erklärten, Seelsorge bei gesellschaftlich einflußreichen Persönlichkeiten zu übernehmen, und nur 17 sich für die

Pastoral bei Intellektuellen zur Verfügung stellen wollten.[23] Bei ihrer Deutung der „Option für die Armen" berufen sich die Vertreter der Befreiungstheologie auf das Verhalten Jesu. Er und seine Apostel seien „Mitglieder der unterjochten Klasse" gewesen.[24] Diese Aussage ist nicht haltbar. Jesus hat weder als Handwerker noch als Wanderprediger in Hunger und Elend gelebt. Er war arm, aber kein Verelendeter, kein durch die herrschenden Klassen Ausgebeuteter. Jesus hat sich allen zugewandt: den Armen, den Sündern, den Kranken, den von Dämonen Besessenen und auch den Reichen. Nikodemus und Bartholomäus waren keine Proletarier.

Auch mahnt uns die Heilige Schrift, widrige gesellschaftliche Verhältnisse im Hinblick auf das uns in Christus geschenkte Heil nicht so einseitig und maßlos zu bewerten, wie es in vielen Kreisen der Befreiungstheologie geschieht. Die Heilige Schrift weiß um das „Joch der Sklaverei" (1. Tim. 6, 1). Die Sklaven gehörten in der antiken Welt nach einem Wort Varros zum „Ackergerät, das sprechen kann".[25] Dennoch schreibt der heilige Paulus: „Wenn du als Sklave berufen wurdest, soll dich das nicht bedrükken; auch wenn du frei werden kannst, lebe lieber als Sklave weiter. Denn wer im Herrn als Sklave berufen wurde, ist Freigelassener des Herrn. Ebenso ist einer, der als Freier berufen wurde, Sklave Christi." (1. Kor. 7, 21–23) „Die Sklaven sollen ihren Herren gehorchen" (Tit. 2, 9), die Herren aber sollen wissen, daß auch sie „im Himmel einen Herrn haben" (Kol. 4, 1). Diese wenigen Sätze tasten die Sklaverei als System nicht an und gestalten sie doch wesentlich um. Über den Sklaven und Sklavenhaltern steht Christus, ihr gemeinsamer Herr, der für beide gestorben ist. Wenn auch der heilige Paulus und nach ihm die Kirchenväter die Welt nicht in das Unheil eines sozialen Umsturzes stürzen wollten, ist doch in den ersten christlichen Jahrhunderten angesichts des Systems der Sklaverei eine Unruhe deutlich spürbar. „Hast du denn die Grenzen der Gewalt vergessen", mahnt zum Beispiel Gregor von Nyssa den Sklavenherrn, „vergessen, daß deine Macht auf die Herrschaft über die unvernünftigen Tiere beschränkt ist? . . . Sage mir, wer ist Verkäufer, wer ist Käufer des Ebenbildes Gottes, des Beherrschers der ganzen Welt?"[26] – Im Mittelalter gab es, abgesehen von den Seestädten der Mittelmeerländer, kaum noch Sklaven in Europa. Erst im Zeitalter der Entdeckungen breitete sich die Sklaverei, besonders in Amerika, in erschreckender Weise wieder aus.[27]

„Option für die Armen“ bedeutet nicht, daß die Heilsbotschaft Christi nur für die materiell Armen, für die Verelendeten gelte. Hier ist, so lesen wir im Dokument der Internationalen Theologenkommission „Zum Verhältnis zwischen menschlichem Wohl und christlichem Heil“, „eine besondere Wachsamkeit notwendig, damit man nicht einer eindimensionalen Sicht des Christentums verfällt, die ihre Folgen für die Christologie, die Ekklesiologie, das Heilsverständnis, die christliche Existenz und auch für die eigene Aufgabe der Theologie hätte.“ Mit Recht erklärt die Bischofskonferenz Chiles: „Wir können die absolute Reduzierung der Armen des Evangeliums auf eine Gesellschaftsschicht – die des Proletariats – nicht akzeptieren.“[28] Papst Johannes Paul II. weist nachdrücklich darauf hin, daß die Option für die Armen „nicht ausschließlich ist und niemanden ausschließt.“[29] Im Elendsviertel Vidigal in Rio de Janeiro sagte der Papst am 2. Juli 1980: „Je höher jemand steht, desto mehr muß er dienen. . . . Die Armen vor Gott sind auch die Reichen, die ihrem Reichtum entsprechend unermüdlich sich anderen hingeben und anderen dienen.“[30]

Auch der eben erwähnte Brief der Brasilianischen Bischofskonferenz vom 19. April 1985 spricht von der „prophetischen Option für vorrangige Solidarität mit den Armen“, ohne die Pastoral an der Mittel- und Oberschicht auszuschließen.

2. Noch bedenklicher ist es, wenn Vertreter der Befreiungstheologie die materiell Armen „die Epiphanie des Herrn“ und „die eigentlichen Träger der Utopie des Reiches Gottes“ nennen.[31] Die materiell Armen sind nicht gleichsam Heilsbringer – eine Ideologie, die auf Karl Marx zurückgehen dürfte, der dem Proletariat den Heilsauftrag zugewiesen hat, die ganze Menschheit in das sozialistische irdische Paradies zu führen. Marx stellt das Proletariat als säkularisierten Gottesknecht, als Ecce homo hin: eine Klasse mit radikalen Ketten, die „einen universellen Charakter durch ihre universellen Leiden besitzt“, eine Klasse, an der „kein

besonderes Unrecht, sondern das Unrecht schlechthin" verübt wird, eine Klasse, die sich nicht emanzipieren kann, ohne alle übrigen Schichten der Gesellschaft zu emanzipieren, eine Klasse, „die der völlige Verlust des Menschen ist, also nur durch die völlige Wiedergewinnung des Menschen sich selbst gewinnen kann."[32] Karl Marx hat das Schicksal des jüdischen Volkes – die Knechtung in Ägypten und den Aufbruch in das Gelobte Land – sowie die alttestamentliche Erwartung des messianischen Heils säkularisiert und in unsere Zeit verlagert: eine bestürzende Verkürzung und Nachäffung des der ganzen Menschheit in Jesus Christus geschenkten Heils. Im übrigen sah Karl Marx, als wohlhabender Bürgersohn, ziemlich spöttisch auf seine armen Mitschüler am Gymnasium in Trier herab. Als Sechzigjähriger schrieb er am 17. September 1878 an Friedrich Engels, er erinnere sich noch gut an die katholischen „Bauernlümmel", die „weiland bei uns auf dem Trierischen Gymnasium" zusammen mit ihm studiert und sich durch „Beschränktheit und Bejahrtheit" ausgezeichnet hätten.[33]

Der Marxismus ist ein Anti-Evangelium. Wären die Armen Heilsbringer, so wäre das Heilswerk Jesu Christi überflüssig. Aber „in keinem anderen ist das Heil zu finden. Denn es ist uns Menschen kein anderer Name unter dem Himmel gegeben, durch den wir gerettet werden sollen" (Apg. 4, 12). Die Kirche, so sagte Papst Johannes Paul II., hat es nicht nötig, „zu Systemen und Ideologien ihre Zuflucht zu nehmen, um die Befreiung des Menschen zu lieben, zu verteidigen und mit zu verwirklichen".[34]

Das Volk

1. Bei vielen Vertretern der Befreiungstheologie weitet sich die Option für die Armen zur Option für das Volks aus; denn die Armen sind das Volk. Zur Nation, so schreibt Leonardo Boff, gehören „unterschiedslos alle Bürger", auch die Reichen und Ausbeuter; vom Volk jedoch sprechen wir „im Sinn von unterprivilegierter Klasse", die „einem Prozeß der Vermassung (Verdinglichung) ausgeliefert ist".[35] Das ist eine sehr eigenwillige Begriffsbestimmung; denn üblicherweise versteht man unter Nation das in den ererbten Überlieferungen verwurzelte Volk als Träger einer

besonderen Kulturidee. Auch widerspricht die Einengung der Brüderlichkeit auf *eine* Bevölkerungsschicht der christlichen Liebe und dem Grundsatz der Solidarität.

2. Ebenso bedenklich ist, was vom Volk als dem Gottesvolk gesagt wird. Erst wenn die „gegenwärtige Monopolstruktur sowohl der zivilen als auch der religiösen Macht“ überwunden ist, so erklärt Leonardo Boff, wird „ein Volk von freien, brüderlichen und mitverantwortlichen Menschen“ entstehen. Dieser Prozeß der Volkwerdung ist „eine Herausforderung für die Hierarchie, die alle religiöse Macht monopolartig an sich gezogen hat“.[36] Solche Theorien bedrohen die Einheit der Kirche, verlagern den Klassenkampf in das Innere der Kirche und spalten die Kirche in zwei Lager: in Anhänger der Ausbeuter und in Anhänger der Ausgebeuteten.

Der chilenische Episkopat warnt: „Wenn man die soziale Revolution mit einer Manifestation des Reiches Gottes identifiziert, dem Industrieproletariat den Charakter des messianischen Volkes verleiht . . ., so ist es unvermeidlich, daß die Gruppe, von der diese Ansichten gefördert werden, letzten Endes auf irgendeine Weise ihre eigene Sache sakralisiert und ihr die Züge einer Kirche innerhalb der Kirche verleiht, oder mehr sogar noch, sie zur wahren Kirche – einer Sekte – am Rande der hierarchischen Bindungen macht.“[37] Auch das Dokument von Puebla betont ausdrücklich, daß die Kirche einen gesellschaftlich-institutionellen Charakter besitzt, und zwar durch göttliche Anordnung (Nr. 258).

3. Die Kirche als pilgerndes Gottesvolk ist von polaren Spannungen erfüllt: die Kirche als gesellschaftlich-geschichtliche Erscheinung und als göttliche Institution; die Kirche, die nicht von dieser Welt und doch in dieser Welt ist; die Kirche als Frucht des Heiles und als Weg zum Heil; die Kirche als Leib Christi in ihrer Identität mit Christus, der ihr Haupt ist, und in ihrer Nicht-Identität mit Christus, dem sie als pilgerndes Volk Gottes gegenübersteht; das Priestertum in der Kirche und die Stellung der Gläubigen; die Weihevollmacht in der Kirche und der Bereich der nüchternen Jurisdiktionsgewalt; die Kirche, die Heilige und Sünder in ihren Schoß birgt. Aber trotz aller polaren Spannungen gibt es nur ein

Volk Gottes, nur „einen Herrn, einen Glauben, eine Taufe“ (Eph. 4, 5), nur ein Heil, eine Hoffnung und eine Liebe, „keine Ungleichheit auf Grund der Rasse oder der Volkszugehörigkeit, der sozialen Stellung oder des Geschlechts“.[38]

Das Volk stellt sich nach Auffassung führender Befreiungstheologen vor allem in den *Basisgemeinden* dar. Es gibt in den einzelnen Erdteilen und auch in den Ländern Lateinamerikas sehr verschiedene Basisgemeinden, darunter viele, die in der Einheit mit den Bischöfen pastoral segensreich wirken. Sie sind ein Zeichen des Lebens der Kirche. Papst Johannes Paul II. nannte die Basisgemeinden in seiner Ansprache an den „Lateinamerikanischen Bischofsrat“ (CELAM) am 2. Juli 1980 eine der „originellsten Beiträge der lateinamerikanischen Kirche zur Pastoral“.[39] Demgegenüber suchen Vertreter der Befreiungstheologie die Basisgemeinden in den Dienst einer bestimmten Ideologie von „Befreiung“ zu stellen, und zwar sowohl in der Kirche als auch in der Gesellschaft und der Wirtschaft.

Leonardo Boff nennt die Basisgemeinden eine „Wiedergeburt der Kirche“, ein „Eingreifen des Geistes“, das „erste gelungene Experiment von Kirche ... mit Wurzeln im Volk“. Damit sei die „ultramontane Ekklesiologie“ überwunden.[40] Auch der Jesuitenpater Gonzalo Arroyo erwartet „eine neue Kirche, in der die Institution nicht mehr das Beherrschende ist“.[41] Die Konzentrierung der Macht auf die Achse Bischof–Priester „scheint“, so drückt sich Leonardo Boff vorsichtig aus, „die Ideologie der herrschenden Klasse zu enthalten ..., die ihre Rechte gewahrt wissen will“. Eine Kirche „an der Basis“, wie sie in den Basisgemeinden Gestalt annimmt, sei demgegenüber „eher ein Geschehen von Menschen, die sich um des Wortes Gottes willen zusammenfinden als eine Institution mit im vorhinein festgelegten Strukturen (Sakramenten, Lehren, Hierarchien)“. Derlei Elemente seien zwar nicht unwichtig, machten aber nicht „das Rückgrat der Gemeinde als solcher aus“. Entscheidend sei vielmehr, daß die Basisgemeinden „das Wort Gottes hören und aus dem Horizont ihrer Probleme neu verstehen“. Andere Formen des Apostolats, die sich in der „traditionellen und hierarchisierten Kirche“ gebildet haben, werden sehr selbstbewußt an den Rand verwiesen, nämlich die Apostolischen Bewegungen, die Vinzentiner, Cursillos, die Christliche Familienbewegung, die charismatische Erneuerung. Das alles, so meint Leonardo Boff, „paßt wohl eher in eine Klassengesellschaft und ist Teil der Vorstellung der herrschenden Klassen".[42]

Wer diese ekklesiologisch bedenklichen und theologisch anfechtbaren Darlegungen liest, wird Papst Johannes Paul II. beipflichten, der am 2. Juli 1980 vor der „ideologischen Radikalisierung" warnte, die sich „in einigen Fällen feststellen" lasse. Der Papst zitierte das Dokument von Puebla: „Es ist zu beklagen, daß man an manchen Stellen aus eindeutig politischen Interessen versuchte, diese Gemeinschaften zu manipulieren und sie aus der echten Gemeinschaft mit ihren Bischöfen herauszulösen."[43]

Bedenklich ist die Politisierung der Basisgemeinden. Sie sind, so legt Leonardo Boff dar, „für die Opfer der kapitalistischen Akkumulation die sachgerechte Form von Kirche". Sie haben „einen deutlichen Charakter als soziale Klasse" und zugleich „eine universale Berufung". Die Basisgemeinde „versteht es, ihre Probleme und Lösungen zu dramatisieren", sie „liturgisiert die Belange des Volkes und popularisiert das Liturgische". In einem Lied heißt es: „Maria träumt, daß ihr Junge, genau wie der Papa, Zimmermann werde; aber der kleine Schelm denkt: morgen will ich Guerillero sein."[44] Ein Pastoralbrief der Brasilianischen Bischofskonferenz vom 19. April 1985 warnt: „Es gibt Spannungen, Meinungsunterschiede und Konflikte, die die fundamentale Einheit im Glauben und den Bund der Liebe in Frage stellen können, den Jesus seiner Kirche als Zeichen gesetzt hat. Sie führen dazu, daß extreme Gruppen ... sich in sich selbst abkapseln und alle anderen kritisieren und verurteilen."

Die marxistische Analyse

1. In der Befreiungstheologie, wie ich sie bisher gekennzeichnet habe, gilt die marxistische Analyse als notwendiges Instrumentarium. Gustavo Gutiérrez nennt die marxistische Analyse „wissenschaftlich";[45] sie könne ebenso von der Theologie übernommen

werden, wie der Aristotelismus durch Thomas von Aquin im hohen Mittelalter Heimatrecht in der Kirche erhalten habe.[46] Die Basisgemeinden, so bemerkt auch Clodovis Boff, bedienen sich „in der größten Freiheit und mit der größten theoretischen und politischen Verantwortung des theoretischen Instrumentariums des Marxismus".[47] Die marxistische Analyse wird als „indispensable Theorie und Praxis für die konkrete Verwirklichung unserer christlichen Liebe" bezeichnet.[48]

Es drängt sich die Frage auf, was die Theologie der Befreiung unter marxistischer Analyse versteht. Haben sich doch zahlreiche marxistische Analysen als falsch erwiesen. Ein wesentlicher Teil der marxistischen Analyse ist zum Beispiel die Aussage, daß die Dialektik der Geschichte notwendig zum Sieg des Sozialismus führen werde, und zwar werde der Sozialismus in den Ländern zuerst siegen, wo Technik, Industrialisierung und Kapitalakkumulation am weitesten fortgeschritten seien. Karl Marx schreibt: „Je ein Kapitalist schlägt viele tot. . . . Mit der beständig abnehmenden Zahl der Kapitalmagnaten . . . wächst die Masse des Elends, des Drucks, der Knechtschaft, der Entartung, der Ausbeutung, aber auch die Empörung der stets anschwellenden und durch den Mechanismus des kapitalistischen Produktionsprozesses selbst geschulten, vereinten und organisierten Arbeiterklasse. . . . Die Zentralisation der Produktionsmittel und die Vergesellschaftung der Arbeit erreichen einen Punkt, wo sie unverträglich werden mit ihrer kapitalistischen Hülle. Sie wird gesprengt. Die Stunde des kapitalistischen Privateigentums schlägt. Die Expropriateurs werden expropriiert."[49]

In Wirklichkeit hat der Marxismus nicht in den entwickelten Industriestaaten England, Belgien, Frankreich, Deutschland und Nordamerika, sondern in den typischen Agrarländern Rußland, China, Albanien etc. die Macht übernommen, und zwar nicht durch Dialektik, sondern durch Waffengewalt. Auch kam es in den Industriestaaten nicht, wie Karl Marx prophezeite, zur „Zersetzung der handwerksmäßigen Tätigkeit".[50] Im Gegenteil, in der Wirtschaft der Bundesrepublik nimmt das Handwerk mit 3728000 Beschäftigten eine bedeutende Stellung ein. Auch die Marxsche Grundkategorie des „Mehrwertes" ist unhaltbar.

2. Die Theologie der Befreiung hat sich deshalb eine andere marxistische Analyse als Instrumentarium gewählt, nämlich die marxistische Ideologie von der realen Basis und dem ideologischen Überbau. Bei Karl Marx lesen wir: „In der gesellschaftlichen Produktion ihres Lebens gehen die Menschen bestimmte, notwendige, von ihrem Willen unabhängige Verhältnisse ein, Produktionsverhältnisse, die einer bestimmten Entwicklungsstufe ihrer materiellen Produktivkräfte entsprechen. Die Gesamtheit dieser Produktionsverhältnisse bildet die ökonomische Struktur der Gesellschaft, die reale Basis, worauf sich ein juristischer und politischer Überbau erhebt. ... Die Produktionsweise des materiellen Lebens bedingt den sozialen, politischen und geistigen Lebensprozeß überhaupt. Es ist nicht das Bewußtsein der Menschen, das ihr Sein, sondern umgekehrt ihr gesellschaftliches Sein, das ihr Bewußtsein bestimmt. ... Mit der Veränderung der ökonomischen Grundlage wälzt sich der ganze ungeheure Überbau langsamer oder rascher um."[51]

Was Karl Marx sagt, ist reichlich unklar. Er behauptet, die Religion werde von den ökonomischen Verhältnissen bestimmt. An anderen Stellen sagt er, die Religion werde vom Ökonomischen „in letzter Instanz" bestimmt, „bedingt", „umgewälzt", „umgesetzt", „übersetzt", „in die Welt gesetzt", die Religion „entquelle" dem Ökonomischen, sie sei die „verhimmelte Form" der ökonomischen Verhältnisse, also kein eigenständiger Bereich. Einen Beweis für seine Theorie bringt Karl Marx nicht. Man wird fragen müssen: Sind die ökonomischen Verhältnisse unabhängig von Verstand und Wille – und auch von der Religion – des Menschen? Am 4. Juli 1893 gab Friedrich Engels in einem Brief an Franz Mehring zu, daß Marx und er die „formelle Seite über der inhaltlichen vernachlässigt" hätten: Wenn wir „den verschiedenen ideologischen Sphären ... eine selbständige historische Entwicklung" absprechen, so sprechen wir ihnen durchaus nicht „jede historische Wirksamkeit ab". Aber, so hatte er am 21. September 1890 erklärt, „das in letzter Instanz bestimmende Moment in der Geschichte ist die Produktion und Reproduktion des wirklichen Lebens". Karl Marx wagte zu schreiben: „Die Handmühle ergibt eine Gesellschaft mit Feudalherren, die Dampfmühle ergibt eine Gesellschaft mit industriellen Kapitalisten."[52]

Es ist unwissenschaftlich, die großen Religionen der Menschheit als Produkte der jeweiligen gesellschaftlichen Verhältnisse hinzustellen. Je mehr eine Religion frei von Magie und Fetischismus ist, je mehr sie sich als Rückbindung des Menschen an das Absolute darstellt, desto mehr versagen die Marxschen Deutungsversuche. Die wesentlichen Aussagen der Summa Theologica des heiligen Thomas von Aquin haben nichts mit den damals gebräuchlichen Mühlen oder mit den damaligen gesellschaftlichen Verhältnissen, mit Hörigkeit, Leibeigenschaft und Feudalsystem zu tun. Max Weber schreibt: „Es darf nicht . . . nachgegeben werden . . . der Ansicht . . ., als ob man die religiöse Entwicklung als Reflex . . . von irgendwelchen ökonomischen Situationen betrachten könnte."[53] Auch Ernst Troeltsch betont, „daß alles Spezifisch-Religiöse und vor allem die großen Knotenpunkte religiöser Entwicklungen eine selbständige Äußerung des religiösen Lebens sind. Jesus, Paulus, Origines, Augustin, der heilige Thomas, der heilige Franz, der heilige Bonaventura, Luther, Calvin, sie können in ihrem Fühlen und Denken nicht aus Klassenkämpfen oder ökonomischen Interessen hergeleitet werden."[54]

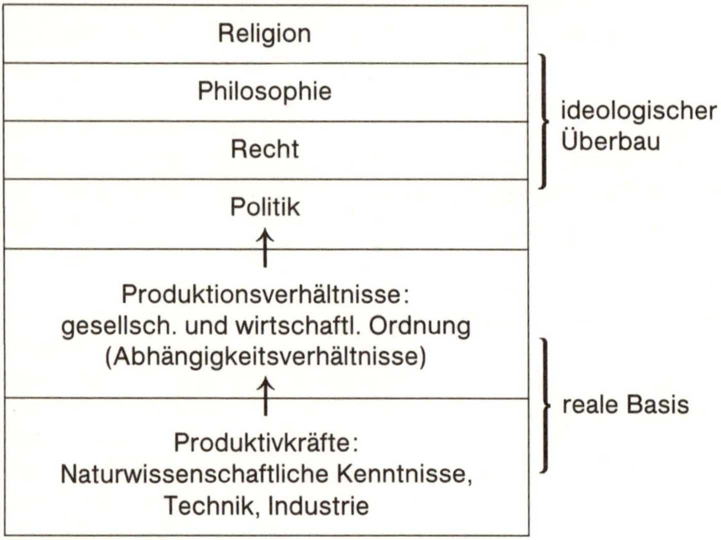

Reale Basis und ideologischer Überbau nach Karl Marx

3. Es ist bestürzend, wie unkritisch und unbekümmert führende Vertreter der Befreiungstheologie die marxistische Analyse übernehmen. So legt zum Beispiel Leonardo Boff dar, daß auf der Infrastruktur, auf der spezifischen Produktionsweise einer Gesellschaft, auf der Art und Weise, „in der sich eine bestimmte Bevölkerung im Blick auf die zur Verfügung stehenden materiellen Ressourcen organisiert", „alles weitere in der Gesellschaft" gründet. „Auch die Kirche ist bedingt, eingegrenzt und bestimmt durch die besondere Produktionsweise", das heißt: „Die Produktionsweise bedingt, welche religiös-ekklesiastischen Aktionen unmöglich, unerwünscht, tragbar, annehmbar und vordringlich sind." „Natürlich", so fügt Leonardo Boff einschränkend – wie Friedrich Engels in seinem obengenannten Brief vom 4. Juli 1893 – hinzu, „ist damit nicht gesagt, die religiös-ekklesiastischen Aktionen wären reine gesellschaftliche Produkte"; aber „wenn sie sich gesellschaftlich darstellen, werden sie von der besonderen Produktionsweise eines bestimmten Gesellschaftstyps durchdrungen, begrenzt und ausgerichtet". Das habe dazu geführt, daß es auch in der Kirche, „zu einem Prozeß der Enteignung von Instrumenten der materiellen und symbolischen Produktion" gekommen sei, zu einem Prozeß, in dem der Klerus dem christlichen Volk die religiösen Produktionsmittel enteignete. „Offensichtlich", so fügt Leonardo Boff hinzu, „harmonisiert eine solchermaßen asymmetrisch strukturierte Kirche gut mit der sie umgebenden Gesellschaft."[55] „Das Christentum", so erklärte 1960 der Vorsitzende des Staatsrats der DDR, Walter Ulbricht, „einst als Religion der Armen und des Friedens begründet, ist seit Jahrtausenden von den herrschenden Klassen mißbraucht worden."[56]

Abgesehen davon, daß es geschmacklos ist, die Heilsgüter der Kirche (das Wort Gottes, die Eucharistie, die Sakramente) nach Marxschem Sprachgebrauch „religiöse Produktionsmittel" zu nennen, ist die gesamte Analyse sowohl theologisch als auch geschichtlich unhaltbar. Die Heilsgüter unseres Glaubens sind keine Produkte der jeweiligen gesellschaftlichen Verhältnisse, sondern ein Geschenk der sich offenbarenden Liebe Gottes. Daß der Mensch vom Gesellschaftlichen her, im Guten und im Bösen, ansprechbar ist, hat die Kirche immer gelehrt. Ich erinnere an die

Warnung der Heiligen Schrift vor der „Welt" und ihrer dreifachen Versuchung des maßlosen Haben-, Genießen- und Geltenwollens (1. Joh. 2, 15–17). Ich weise ferner hin auf die Lehre vom guten und schlechten Beispiel, von der guten und schlechten Gesellschaft, von der nächsten Gelegenheit, von der Ausnützung von Abhängigkeitsverhältnissen etc. Bei Thomas von Aquin lesen wir: „Tentat caro et mundus"[57], das heißt: Wir werden von unserem Inneren her und von der Welt her versucht. Aber das letztlich entscheidende ist die freie Verantwortung des Menschen. Es ist verständlich, daß es im Brief der Brasilianischen Bischofskonferenz vom 19. April 1985 heißt: „Besonders beunruhigt uns der Aufruf zur marxistischen Analyse als Instrument zum Verständnis der Wirklichkeit sowie der Aufruf zum Klassenkampf als Grundgesetz gesellschaftlicher Veränderung."

Die Revolution

1. Die Theologie der Befreiung verabscheut den Kapitalismus so sehr, daß von vornherein ein Ja zum Umsturz dieses Systems vermutet werden kann. Man wird fragen: Umsturz durch die Kirche selbst, durch das Amt in der Kirche, durch Priester und Ordensleute, durch Pfarreien und kirchliche Basisgemeinden? Revolution nur durch die Staatsbürger? Liest man die Texte unvoreingenommen, gewinnt man den Eindruck, daß die Theologie der Befreiung die Revolution durch die Kirche selbst befürwortet. „In Lateinamerika", so schreibt Gustavo Gutiérrez, „ist die Welt, in der die christliche Gemeinschaft ihre eschatologische Hoffnung leben und begehen muß, die der sozialen Revolution; ihre Aufgabe – die der Kirche – wird hierdurch bestimmt. Ihre Treue zum Evangelium läßt ihr keine andere Wahl."[58] In der Revolution, „im Kampf für die Befreiung der Unterdrückten", nimmt die „universale Liebe" Fleisch an.[59] Die Kirche, so erklärt auch Leonardo Boff, ist nicht konservativ; „auf Grund ihres Ideeninhalts und Ursprungs (der gefährlichen und subversiven Erinnerung an Jesus von Nazareth, der unter Pontius Pilatus gekreuzigt wurde), ist sie sogar eher revolutionär".[60] Leider, so meint Leonardo Boff, würden die Dimensionen der Befreiung und der Revolution „von einer gewissen Form des kleinbürgerlichen, seine privilegierte so-

ziale Stellung genießenden Christentums, von der Predigt, der Katechese und der Präsenz der Institution als Kompagnon und Komplize der Ausbeutung kaschiert".[61]

Man hat gesagt, die Theologie der Befreiung befürworte zwar die Revolution, aber nicht die Gewaltanwendung. Ist das nicht eine Begriffsverwirrung? Revolution im politischen Sinn verstanden ist der „gewaltsame Wechsel des Machtträgers" (Staatslexikon VI., 885). Sie ist nicht mit der Evolution identisch.

2. Jesus Christus hat durch sein Blut das neue messianische Volk, die Kirche, gegründet und in seiner prophetischen Predigt den Nachlaß der Sünden und die Ankunft des Reiches Gottes verheißen, also nicht eine bloß menschliche, horizontale Solidarität mit den Unterprivilegierten beabsichtigt, als ob er ein Revolutionär gewesen wäre, der die gesellschaftlichen und politischen Verhältnisse hätte umstürzen wollen, wie es die Partei der Zeloten damals von ihm erwartete und wie es heute manche von ihm erhoffen. Papst Johannes Paul II. wies am 28. Januar 1979 in Puebla (Mexiko) die These als unkatholisch zurück, der Mensch finde sein Heil „nicht durch Glaube und durch Zugehörigkeit zur Kirche, sondern durch Strukturreform und soziopolitisches Engagement". Man verfälsche die Sendung Jesu, wenn man ihn als „Politiker, Revolutionär und Umstürzler" hinstelle, der „in einen Klassenkampf verwickelt gewesen sei".[62]

3. Die Soziallehre der Kirche leugnet nicht, daß es ein Widerstandsrecht gegen eine verbrecherisch-tyrannisch entartete Regierung geben kann. An sich ist die allmähliche Evolution der Revolution vorzuziehen, vor allem dann, wenn es sich nicht um eine politische, sondern um eine soziale Revolution handelt. „Jede Revolution", heißt es in der Enzyklika „Populorum progressio", ausgenommen „im Fall der eindeutigen und lange dauernden Gewaltherrschaft, die die Grundrechte der Person schwer verletzt und dem Gemeinwohl des Landes ernsten Schaden zufügt, zeugt neues Unrecht, bringt neue Störungen des Gleichgewichts mit sich, ruft neue Zerrüttung hervor."[63] Auch Papst Johannes Paul II. sagte am 30. Juni 1980 in Brasilia, eine Gesellschaft, in der die Gerechtigkeit fehle, sei „von innen her bedroht"; das hei-

ße allerdings nicht, daß die notwendigen Veränderungen „gewaltsam, revolutionär und unter Blutvergießen durchgesetzt werden müßten; denn Gewalttätigkeit schafft eine Gesellschaft der Gewalttätigkeit, und das können wir Christen nicht befürworten"; jedoch müssen „soziale Veränderungen, auch tiefgreifende . . ., beständig fortschreitend, wirksam und realistisch durchgeführt werden".

Revolutionäre Gewalttaten fördern den Kriegsgeist und bedrohen den Frieden. Es sei zwar „schlimm", meinte der ehemalige Professor der Salesianer-Universität in Rom, Giulio Girardi, daß es manchmal unumgänglich sei, „aus Liebe töten zu müssen"; aber die „Zuflucht zur Gewalt" sei erlaubt, wenn „kein anderer Weg" mehr offenstehe.[64]

Auch Johann Baptist Metz verteidigte es bei der Verleihung des Friedenspreises des Deutschen Buchhandels an Ernesto Cardenal, daß dieser Priester sich „auf die Seite des Gewaltwiderstandes" gestellt habe; die Einheit von Gottes- und Nächstenliebe sei zwar „unaufkündbar"; aber „Gewaltlosigkeit" könne auch „getarnte Feigheit" sein, weil sie „die Züge des Opportunismus" tragen könne.[65]

Die sozialistische Gesellschafts- und Wirtschaftsordnung

1. Wer die marxistische Analyse kritiklos übernimmt, wird im Sozialismus auch die ideale Gesellschafts- und Wirtschaftsordnung sehen. Die Theologie der Befreiung meint in der Tat, eine vollkommene Gesellschaft sei „machbar". „Indem die Menschen ihre Lebensmittel produzieren", hatte Karl Marx gesagt, „produzieren sie indirekt ihr materielles Leben selbst."[66] Ähnlich drückt Gustavo Gutiérrez sich aus: „Der Mensch bildet und schafft sich selbst, indem er arbeitet, eine gerechte Gesellschaft aufbaut, die Welt verändert und sein Geschick in der Geschichte selbst in die Hände nimmt."[67]

Nun sind die Verfechter der Befreiungstheologie davon überzeugt, daß die Würde und Freiheit des Menschen am ehesten in einer sozialistischen Gesellschaft gesichert ist. „Auf mehr oder weniger explizite Weise“, schreibt Clodovis Boff, „steht der Sozialismus am Horizont des historischen Projektes“ der Theologie der Befreiung. „Die Theologen der Befreiung und die Basisgemeinden sind nämlich der Überzeugung, daß im Rahmen des herrschenden gesellschaftlichen Systems keine Möglichkeit besteht, Ausbeutung und Unterdrückung zu überwinden.“[68] Auch Leonardo Boff behauptet, daß der Kapitalismus „nur die Interessen einer Klasse vertritt“ und somit ein Hindernis für die „Universalität der Kirche“ darstellt, während „eine demokratische und sozialistische Gesellschaft ... bessere objektive Bedingungen dafür bieten“ würde, „daß die Kirche ihre Katholizität voll zum Ausdruck bringen kann“.[69]

2. Nun ist es stets leichter, von einem Gesellschaftssystem zu sagen: „So nicht!“, statt konkret zu sagen: „Sondern so!“ Die Aussagen der Befreiungstheologen über die kommende sozialistische Gesellschaft sind sehr vage. Auch die Befreiungstheologen wissen, daß der Marxismus überall, wo er die Macht errang, nicht zur Befreiung des Menschen, sondern zu seiner Unterdrükkung geführt hat. In der amtlichen, vom Marx-Engels-Lenin-Institut herausgegebenen Biographie Stalins heißt es: „Mit eiserner Hand“ verjagte Stalin die „bankrotten Kreaturen Trotzkis“. Er „entlarvte restlos die Feinde des Leninismus“ und „liquidierte“ diese „Scheusale“, diesen „Abschaum der Menschheit“. Das „Sowjetgericht deckte ihre Verbrechen auf und verurteilte die Trotzkistischen Scheusale zur Erschießung“.

Das ganze Volk aber „lauschte der Rede seines weisen und genialen Führers ..., billigte die Vernichtung der Trotzkistischen Bande und ging zur Tagesordnung über.“[70] Als Chruschtschow auf dem XX. Parteitag der KPdSU im Februar 1956 die Verbrechen Stalins aufdeckte und unter anderem darauf hinwies, „daß Stalin von den beim XVII. Parteitag 1934 gewählten 139 Mitgliedern des Zentralkomitees 98 habe umbringen lassen“, entstand unter den Delegierten „Bewegung, Unruhe und Bestürzung“.[71] Louis Massignon schrieb nach einem Besuch in der Sowjetunion: „Ich habe Rußland gesehen, ein Trappistenkloster ohne Gott.“ Stanislaus Fumet meinte dazu: Frankreich würde nach dem Sieg des Kommunismus „nicht einem Trappistenkloster, sondern eher einer Art Gesellschaft Jesu ohne Gott gleichen"; die sozialistische Gesellschaft sei „eine Art von kommunistischem Klerikalismus" mit dem „Feuer der Seele", mit dogmatischer Ausschließlichkeit.[72] Bei einem Besuch in einem kommunistischen Staat sagte man mir: „Kommunismus ist die miserable Zentralverwaltung des selbstgemachten Elends."

3. Papst Johannes Paul II. erklärt in seiner Enzyklika über die menschliche Arbeit, daß ein „primitiver Kapitalismus", der den Menschen „dem Gesamt der materiellen Produktionsmittel" gleichschaltet und ihn „wie ein Instrument" behandelt, der Würde des Menschen widerspricht. Deshalb sei der „Sturm der Solidarität", der sich im 19. Jahrhundert gegen die „Erniedrigung des Menschen" und gegen die „unerhörte Ausbeutung auf dem Gebiet der Löhne, der Arbeitsbedingungen und der Vorsorge für die Person des Arbeiters" erhoben habe, „sozialmoralisch gerechtfertigt" gewesen.[73] Aber, so fügt der Papst hinzu, auch der marxistische Kollektivismus, der zum „proklamierten Klassenkampf" aufruft, die „Diktatur des Proletariats" errichten und das kommunistische System „in der ganzen Welt" einführen will, ist nicht in der Lage, den „Vorrang des Menschen" vor dem „Instrument Kapital" zu verwirklichen. Denn „auch im dialektischen Materialismus ist der Mensch nicht in erster Linie Subjekt der Arbeit", sondern „eine Art Ergebnis der die betreffende Zeit prägenden Wirtschafts- und Produktionsverhältnisse". Das Kapital gerät in die „direkte Kontrolle einer anderen Personengruppe", die durch ihre „Machtposition" über die gesamte Wirtschaft herrscht.[74] Wer die Wirtschaft total in der Hand hat, verfügt auch über die politische, militärische, kulturelle und propagandistische Macht. Die Freiheit des arbeitenden Menschen ist besser gewahrt in einer Wirtschaftsordnung mit Millionen von Arbeitgebern und freien Gewerkschaften als in einem System, in dem der Staat der einzige Arbeitgeber ist und die Gewerkschaften ein Instrument dieses Staates sind. Wenn in der Bundesrepublik Deutschland im Jahre 1984 vom Bruttosozialprodukt in Höhe von 1750 Milliarden Mark an Steuern und Sozialbeiträgen 720 Milliarden Mark wieder eingezogen worden sind, und wenn der Lebensstandard des arbeitenden Menschen beträchtlich über dem in

den kommunistischen Staaten liegt, kann nur Böswilligkeit behaupten, die Soziale Marktwirtschaft der Bundesrepublik sei kapitalistische Ausbeutung. Es ist unwissenschaftlich, alle nichtsozialistischen Länder als bösartige Kapitalisten zu schmähen und die Verteufelung bis in die Liturgie fortzusetzen. So schreibt zum Beispiel Pater Juan Luis Segundo: „Das Ritual schreibt bei einer Kindestaufe einige Gebete vor, die den Teufel aus dem Kind verjagen sollen. ... Warum sollte man nicht sagen: Verschwinde, unreiner Geist des Kapitalismus!“[75]

Richtig verstanden ist die Theologie der Befreiung ein Teil der Soziallehre der Katholischen Kirche. Sie ist nicht mit ihr identisch. Denn die Soziallehre der Kirche ist umfassender. Sie handelt nicht nur von der Überwindung der Unfreiheit in der Gesellschaft, sondern von den Ordnungsprinzipien des gesellschaftlichen Lebens (Solidarität, Subsidiarität, Gemeinwohl) und vom Ordnungsgefüge der Gesellschaft (Ehe und Familie, Arbeit und Beruf, Wirtschaft, Staat, Völkergemeinschaft). Gewisse Richtungen, wie ich sie in meinem Vortrag geschildert habe, sind in wesentlichen Aussagen mit der Soziallehre der Kirche nicht vereinbar. Nun ist es keineswegs so, daß die katholische Kirche in Lateinamerika mit der bedenklichen Theologie der Befreiung gleichgesetzt werden könnte. Im Juli 1985 trafen sich in Los Andes (Chile) Bischöfe sowie Professoren der Theologie und der Philosophie und erklärten folgendes: „Im Gegensatz zur Behauptung einiger Theologen der Befreiung, daß einzig die marxistische Analyse der Geschichte ein geeignetes Instrument sei, Armut und Elend der Menschen in Lateinamerika zu überwinden, stellen wir fest, daß die katholische Soziallehre Grundsätze bietet, die geeignet sind, in wirksamer Weise eine Gesellschaft in Gerechtigkeit und Solidarität aufzubauen.“[76]

Die Einladung zu diesem Vortrag ist mir ein willkommener Anlaß, allen zu danken, die sich in besonderer Weise dem Dialog zwischen Kirche und Wirtschaft widmen. Ich freue mich über die zahlreichen Aktivitäten auf diesem Gebiet, die von Verbänden und Unternehmen der deutschen Wirtschaft ausgehen. Besonders dankbar bin ich für die Initiativen des Instituts der deutschen Wirtschaft. Ich hoffe, daß Sie auch fernerhin Kraft und Mittel für diese wichtige Arbeit einsetzen. Ich bitte auch die Vertreter der kirchlichen Sozialverbände und anderer kirchlicher Stellen, den Dialog mit der Wirtschaft – in Wahrung beiderseitiger Eigenständigkeit – zu suchen. Diese Veranstaltung zeigt, daß ein solcher Dialog anregend und fruchtbar sein kann.

Manfred Spieker

Politik und Ökonomie in der Theologie der Befreiung

Die Theologie der Befreiung begann Ende der sechziger Jahre von sich reden zu machen. Die Aufforderung des II. Vatikanischen Konzils an die Christen und an die Theologie, die Zeichen der Zeit zu analysieren und den Dialog mit der Welt zu intensivieren, die Entwicklung theologischer Schulen wie der Theologie der Hoffnung, der Politischen Theologie und der Theologie der Revolution, die das Verhältnis von christlichem Heil und politischer Geschichte neu zu definieren versuchten, und die lateinamerikanische Bischofskonferenz von Medellin 1968, die die sozialen und politischen Verhältnisse in Lateinamerika sehr kritisch beschrieb und die umfassende Befreiung der Menschen von Sünde und ungerechten Strukturen als Auftrag des Christen bezeichnete – all dies regte verschiedene Theologen in Lateinamerika an, ihre Aufgabe angesichts der spezifischen gesellschaftlichen und politischen Bedingungen Lateinamerikas neu zu bedenken.

Die Theologie der Befreiung interpretiert das Evangelium als Auftrag zur umfassenden Befreiung des Menschen aus sozialer Not und politischer Unterdrückung, die Heilsgeschichte als Befreiungskampf, den Befreiungskampf als Ort der Offenbarung Gottes und die Teilnahme an diesem Kampf als Gnade. Der Begriff der Befreiung ist also der Schlüsselbegriff dieser Theologie. Er gibt ihr den Namen. Er soll wie ein Brennglas alle Bereiche der Theologie vereinen und mit dem praktischen Leben verbinden.

Befreiung aber heißt für Gustavo Gutiérrez, einen der Klassiker der Befreiungstheologie, nicht nur vage und visionär Schaffung eines neuen Menschen und einer neuen Gesellschaft, sondern sehr konkret Aneignung der Produktionsmittel und der politischen Führung durch die Unterdrückten.[1] Befreiung heißt für Leonardo Boff und alle anderen Vertreter dieser Theologie Distanzierung vom herrschenden ökonomischen und politischen System, Teilnahme an der nur als Klassenkampf denkbaren ökonomischen, sozialen und politischen Umwälzung und Errichtung einer einhellig als sozialistisch charakterisierten Alternativgesellschaft.[2] Die Ausgebeuteten, so Clodovis Boff, müssen sich als Klasse verstehen. Nur durch eine Revolution könne Ausbeutung und Unterdrückung überwunden werden. Am Horizont der Revolution stehe der Sozialismus.[3]

Die Frage nach dem Verständnis von Politik und Ökonomie drängt sich also auf. Wer Befreiung primär als sozialen und politischen Prozeß versteht, wer eine „politische Hermeneutik" des Evangelismus propagiert, also davon ausgeht, daß nicht mehr, wie in der traditionellen Theologie, die soziale und politische Wirklichkeit vom Evangelium her, sondern das Evangelium vom sozialen und politischen Kampf her betrachtet werden müsse, wer Theologie als „acto segundo" und das revolutionäre Engagement als „acto primero" einstuft, der wird sich, so darf man annehmen, systematisch Rechenschaft über sein Verständnis von Politik und Ökonomie abgelegt haben. Doch diese Annahme erweist sich als falsch. Was seit Platon und Aristoteles über Politik und Ökonomie gedacht, seit Rousseau und den Autoren der „Federalist Papers" an demokratischen Verfassungen entworfen und erprobt, seit Adam Smith an ökonomischen Theorien entwikkelt und seit Lenin an sozialistischen Diktaturen realisiert wurde, das bleibt für die Theologie der Befreiung ohne Relevanz, ja es wird zum größten Teil völlig ignoriert. Die Ausnahme heißt Karl Marx, aber auch er wird meist nur aus zweiter Hand rezipiert. Dieses Defizit bedeutet aber nicht, daß die Vertreter der Theologie der Befreiung aus ihren Vorstellungen von Politik und Ökonomie ein Geheimnis machen. Eine ganze Reihe von Äußerungen zur herrschenden Gesellschaftsordnung, zur Entstehung von Armut und Unterdrückung und zur neuen, befreiten Gesellschaft erlauben den Schluß, daß sie eine sehr entschiedene und folgenreiche Vorstellung von Politik und Ökonomie haben. Im folgenden sind in einem ersten Schritt die Aussagen zur Politik und in einem zweiten die zur Ökonomie zu untersuchen und auf ihre Konsequenzen hin zu befragen.

Das Politikverständnis der Befreiungstheologie

Politik wird in der Befreiungstheologie als Kampf um Befreiung umschrieben. Ziel, Subjekt und Gegner des Befreiungskampfes sind in dieser Perspektive eindeutig definiert: Ziel ist die Eroberung der politischen Macht und die Aneignung der Produktionsmittel. Subjekt ist das Volk, das mit der unterdrückten Klasse identifiziert wird. Gegner ist die sogenannte herrschende Klasse, die über die politische und ökonomische, aber auch über die militärische Macht verfügt. Die Rezeption marxistischer Ideen mischt sich hier mit dem in Lateinamerika weitverbreiteten Populismus, der von dem von Marx begründeten und von Lenin perfektionierten Konzept einer Avantgarde nichts wissen will. Lediglich in der radikalsten Strömung der Theologie der Befreiung, bei den sich 1972 konstituierenden „Christen für den Sozialismus“, wird am Proletariat als der Avantgarde des Befreiungsprozesses festgehalten.[4] Der Befreiungskampf und seine Unterdrückung gelten als die alles bestimmende Wirklichkeit Lateinamerikas. Sie stellen den Christen unablässig vor die Entscheidung, sich für oder gegen das Volk, für oder gegen seine Befreiung auszusprechen. Politik wird für die Befreiungstheologie also durch folgende Merkmale charakterisiert: sie ist zunächst einmal Klassenkampf, sie ist zweitens konstitutive Grundlage aller Bereiche des menschlichen Lebens, mithin ubiquitär, und sie stellt den Menschen drittens immer in den status confessionis, vor die Entscheidung also zwischen Gut und Böse, zwischen Gnade und Sünde.

1. Politik als Klassenkampf

Wenn Politik Befreiungskampf und dieser gleichsam naturgesetzlich Klassenkampf ist, dann ist Politik in ihrem Kern Freund-Feind-Bestimmung, Konflikt und Gewalt. Der Christ hat in dieser Perspektive gar keine andere Wahl, als sich an diesem Konflikt zu beteiligen. „Wer das Faktum des Klassenkampfes leugnet“, meint Gutiérrez, „schlägt sich in Wirklichkeit auf die Seite der herrschenden Kreise." Er gesteht zwar zu, daß der Klassenkampf Probleme für die Universalität der christlichen Liebe und die Einheit der Kirche aufwirft, aber da er als „Produkt des Systems" eine Tatsache sei, sei Neutralität in diesem Punkt „schlicht unmöglich".[5] Gutiérrez folgt ausdrücklich Giulio Girardi, der den Klassenkampf zu einem Gebot der Feindesliebe deklarierte: man liebe den Unterdrücker, „indem man ihn anklagt und bekämpft", weshalb Liebe ohne Klassenkampf „illusorisch und ein Alibi für Egoismus und Trägheit" sei.[6]

Die Frage nach der Gewalt scheint für die Theologie der Befreiung damit entschieden. Man habe, so Girardi, „nur die Wahl zwischen der Gewalt der einen und der Gewalt der anderen Seite, zwischen der Gewalttätigkeit der Unterdrücker und der Gewalttätigkeit der Unterdrückten".[7] Die Kategorie der Gewalt wird wie die des Widerspruchs bei Marx geradezu eine ontologische Kategorie, wenn er behauptet, sie sei „ja schon in den Dingen und Verhältnissen mittendrin"[8] oder wenn Hugo Assmann meint, es gebe „keine Wahl zwischen Gewalt und Gewaltlosigkeit", sondern „immer nur die alles ... zuinnerst bestimmende Gewaltsituation".[9]

2. Politik als Sinngebung

Das zweite Merkmal des Politikverständnisses der Befreiungstheologie ist die Allgegenwart, die sinngebende Bedeutung der Politik für alle Bereiche des menschlichen Lebens, auch für die kirchliche Verkündigung und die Theologie. Politisches Engagement, so Gutiérrez, sei nicht nur ein Ausschnitt aus dem menschlichen Leben, sondern „Totalität, Radikalität und Konfliktgeladenheit".[10] Damit wird nicht nur gesagt, daß Politik fähig ist, alle Dimensionen des menschlichen Lebens zu beeinflussen, sondern daß alle diese Dimensionen politisch sind. Politik umgreift und überragt durch ihre Radikalität alle anderen menschlichen Tätigkeiten. Sie wird, wie Kardinal Alfonso Lopez Trujillo ihr vorgehalten hat, zum „Invasor des Glaubens"[11], zum Wahrheitskriterium der Theologie und letztlich zur sinngebenden Instanz des Lebens.[12]

Die Konsequenz dieser Entgrenzung und Allgegenwart der Politik ist die Aufhebung der Unterscheidung von Spiritualia und Temporalia, von Heilsgeschichte und Profangeschichte, aber auch von kirchlichem und politischem Leben. „Das Schema von der Unterscheidung der Ebenen ist erschöpft und bietet keine Antwort mehr für die Fragen einer fortgeschrittenen Theologie", behauptet Gutiérrez.[13] Eine solche Unterscheidung gilt als scholastisch, als Abkehr von der prophetischen Befreiungsfunktion der Kirche. Es sei ein Merkmal der Befreiungstheologie, so Hugo Assmann, gegen jeden Versuch Widerstand zu leisten, „in Kirche und Gesellschaft ... Räume zu schaffen, in denen Politik vermeintlich nichts zu suchen hat".[14]

3. Politik als Bekenntnisfrage

Das dritte, von der politischen Ethik der katholischen Soziallehre wohl am radikalsten abweichende und für die politische Auseinandersetzung folgenreichste Merkmal des Politikbegriffs der Befreiungstheologie ist die Sakralisierung oder die Dämonisierung der Politik. Wer politisch handelt – und auf Grund der Ubiquität der Politik handeln alle allezeit politisch –, hat sich zwischen Licht und Finsternis, zwischen Gnade und Sünde zu entscheiden. Der Befreiungskampf hat in dieser Perspektive die Bedeutung des Kairos, der von Gott verfügten Zeit des Heils, die zugleich eine Zeit der persönlichen Entscheidung ist. In ihm, so Leonardo Boff, „geschieht ... objektiv Gnade oder Sünde".[15] Deshalb seien Wirtschaft, Politik und Gesellschaft „mehr als nur Wirtschaft, Politik und Gesellschaft, nämlich Orte der Vergeschichtlichung von Gnade und Sünde, von Unterdrückung und Befreiung".[16] Im Befreiungskampf geht es deshalb, so Juan Luis Segundo, nicht bloß um irgendeine Analogie des Reiches Gottes, sondern – wenn auch vielleicht nur fragmentarisch – um das eschatologische Reich selbst.[17]

Der Theologie fällt in dieser Perspektive die Aufgabe zu, den heilsgeschichtlichen Wert der konkreten gesellschaftlichen Situation zu benennen. Für Leonardo Boff hat sie „nach den Kategorien des Glaubens – wie Reich Gottes, Erlösung, Vergebung, Gnade, Sünde, Gerechtigkeit, Ungerechtigkeit, Liebe und Glauben, der sich in der Praxis bewahrheitet, und so fort – zu beurteilen, ob die bestehende Gesellschaftsform dem Plan Gottes entspricht oder nicht".[18] Der Christ hat dann zu entscheiden, „ob die Klassengesellschaft den Charakter der Sünde oder der Gnade trägt und ob sie das göttliche Geschichtsprojekt einer gerechten und brüderlichen Gesellschaft bejaht oder verneint".[19]

Die Identifizierung der Politik mit dem Kampf um eine totale Befreiung, ja um die Verwirklichung des Reiches Gottes impliziert, daß jede politische Option zu einer Frage des persönlichen Heils, mithin zu einer Wahl zwischen Gut und Böse wird. Politik wird zur Bekenntnisfrage.

4. Die Konsequenzen

Welche Konsequenzen hat dieser Politikbegriff? Auf fünf Konsequenzen ist hinzuweisen.

Erstens entzieht die Erhebung der Politik zur Bekenntnisfrage dem legitimen Pluralismus politischer Ziele und politischer Strategien den Boden. Die legitime Verschiedenheit möglicher Entscheidungsziele, die der politisch handelnde Christ zu respektieren hat und an die die katholische Soziallehre immer wieder erinnert – das II. Vatikanum in Gaudium et Spes, Paul VI. in Octogesima Adveniens und die Bischöfe Lateinamerikas in Puebla –, setzt ja voraus, daß diese Ziele nicht nur aus Grundwerten, sondern auch aus vernünftiger Analyse konkreter politischer, sozialer oder ökonomischer Sachverhalte abgeleitet werden. Bei diesen Analysen aber können Christen bei gleicher Gewissenhaftigkeit ihres Glaubens zu durchaus verschiedenen Ergebnissen kommen. Ob beispielsweise der Friede in Europa mit Pershing-II-Raketen besser gesichert werden kann als ohne sie, das ergibt sich für den Christen nicht aus der Bergpredigt. Ob mit einem Land Lateinamerikas ein neues Kreditabkommen abgeschlossen werden soll oder nicht, das ergibt sich noch nicht aus seiner Option für die Armen, und ob eine Regierung mit begrenzten finanziellen Mitteln ihre Unterstützung auf die Landwirtschaft oder auf die Industrie konzentriert, das ergibt sich noch nicht aus ihrer Verpflichtung auf das Gemeinwohl.

Die Erhebung der Politik zur Bekenntnisfrage führt zweitens dazu, daß jede Suche nach dem geringeren Übel, die für den politisch Handelnden in einer schwierigen Situation oft die einzige Möglichkeit ist, das allgemeine Wohl in einem Staat oder zwischen Staaten zu realisieren, verworfen wird. Zwischen Befreiung und Ausbeutung, zwischen Gut und Böse, zwischen Gnade und Sünde gibt es kein Drittes. Es gibt nur die Entscheidung für oder gegen die totale Befreiung, für oder gegen den neuen Menschen und die neue Gesellschaft. Einhellig verwerfen die Befreiungstheologen denn auch politische Reformen, die partielle Verbesserungen, aber keine totale Befreiung ins Auge fassen. Sie würden, meint Gutiérrez, nur das bestehende System verewigen und die Mobilisierung der unterdrückten Klassen verhindern.[20] Zu ihnen könne man durch historische Umstände zwar gezwungen sein; aber, so Leonardo Boff, „dies sind dann eben nur taktische Schritte und keine strategischen Ziele".[21] Die Begriffe und Konzepte der „Entwicklung" und der „Integration" – von den Bischöfen Lateinamerikas in Puebla zustimmend erwähnt[22] – werden ausdrücklich verworfen.[23] Sie gelten als Versuche der herrschenden Klasse zur Stabilisierung ihrer Macht.

Drittens hat die Erhebung der Politik zur Bekenntnisfrage zusammen mit ihrer Entgrenzung und der Aufhebung der Unterscheidung von Spiritualia und Temporalia einen neuen und fatalen Klerikalismus zur Folge. Sie entzieht der legitimen Autonomie irdischer Sachbereiche den Boden. Die „Autonomie des Zeitlichen" wird beispielsweise von Hugo Assmann mit dem Pathos der Entlarvung als „Falschspiel gewisser modernisierender Thesen der nordatlantischen Theologie wie auch des II. Vatikanischen Konzils" bezeichnet.[24] Wer beansprucht zu wissen, ob eine konkrete gesellschaftliche oder politische Situation dem göttlichen Geschichtsprojekt entspricht oder nicht, ob der in ihr Handelnde auf dem Weg der Gnade oder der Sünde ist, erhebt sich zum Weltenrichter, zum Propheten, der das herrschende System als kapitalistisch verdammt, die totale Befreiung ansagt und zur Revolution aufruft. Leonardo Boff scheut sich nicht, Ayatollah Chomeini als religiösen Propheten zu preisen, dem es gelungen sei, „aus dem islamischen Glauben heraus ein ganzes Volk zur Erhebung zu bewegen und eine der repressivsten und am besten abgesicherten Tyranneien dieses Jahrhunderts zu Fall zu bringen".[25] Die Fragen nach den innen- und außenpolitischen Kosten der islamischen Revolution im Iran, nach den Folgen der Verquikkung von Religion und Politik beispielsweise für Christen, nach der Geltung der Menschenrechte für die Opposition, nach dem größeren und dem kleineren Übel beunruhigen ihn nicht.

Die Entgrenzung der Politik und die Verwerfung der Unterscheidung von Spiritualia und Temporalia hat schließlich auch zur Folge, daß die Theologie ihre Fähigkeit zur kritischen Distanz gegenüber politischen Zielen auch gegenüber Befreiungskonzepten, zum Beispiel jenen der Sandinisten in Nicaragua, verliert und in Politik aufgeht. Wenn die Orthopraxie die Orthodoxie ersetzt, dann ist die Tätigkeit der Priester in der sandinistischen Regierung von Nicaragua nicht nur „Dienst gegenüber den Armen ihres Landes", sondern, wie Leonardo Boff meint, „die wahre Liturgie".[26] Die Befreiungstheologie zerstört auf Grund ihrer Divinisierung der Politik die Basis ihrer eigenen Existenz. Sie wird zur Ideologie. Politik ist nicht mehr Entwicklung, Diskussion und Verwirklichung von Ordnungskonzepten in Staat, Gesellschaft und den internationalen Beziehungen, sondern Errichtung des Gottesreiches auf Erden. Damit wird, wie die Internationale Theologenkommission in ihrem Gutachten zur Theologie der Befreiung schon 1977 feststellte, das Wesen des Politischen zerstört.[27]

Viertens sind die Reduzierung der Politik auf Klassenkampf und seine Sakralisierung vor allem für den Christen eine Herausforderung. Er wird daran festhalten, daß Politik an Versöhnung, Partnerschaft, Recht, Gleichheit und Frieden orientiert bleiben muß, wenn sie menschliches Zusammenleben regeln und das Gemeinwohl als die Gesamtheit der sozialen und politischen Möglichkeitsbedingungen individueller Entfaltung verwirklichen will. Diese Orientierung schließt für ihn den unversöhnlichen Kampf aus.

Die Sakralisierung des Klassenkampfes hat aber die Zerstörung nicht nur der Politik, sondern auch der kirchlichen Gemeinschaft zur Folge. Am radikalsten gilt dies für die „Christen für den Sozialismus", die nur jenen Christen einen lebendigen Glauben zugestehen, die am revolutionären Kampf der Arbeiterklasse teilnehmen, die „falsche Einheit der Kirche von heute“ entlarven und über die Revolution die „Einheit der Menschheit“ als Voraussetzung der „wahren Einheit der Kirche von morgen“ schaffen.[28] Ihren Spuren folgt Gutiérrez, wenn er feststellt, der Klassenkampf sei mitten in der Kirche selbst anzutreffen und mache „eine Neudefinierung dessen notwendig, was unter besagter Einheit zu verstehen ist“. Auch für ihn ist die Einheit der Kirche nur über die „Einheit der Welt“, also durch die Revolution erreichbar.[29] Etwas zurückhaltender bleibt Leonardo Boff, der zunächst sogar die Universalität der christlichen Botschaft unterstreicht und daran festhält, daß die Kirche „sich deshalb nicht auf eine gesellschaftliche Klasse eingrenzen“ lasse.[30] Aber auch er stellt das Wirken der Kirche in Geschichte und Gegenwart ganz unter die Existenz gesellschaftlicher Klassen, die um die „Verteilung sakraler Macht“ ringen. Er will die „Kompetenz zur Produktion und Reproduktion des Symbolkapitals“ den Händen des Klerus entwinden.[31]

Daß das Klassenkampfkonzept und die Sakralisierung des Befreiungskampfes aber nicht nur Ekklesiologie, sondern auch die Dogmatik und damit die gesamte Theologie aushöhlen, zeigt die Frage eines protestantischen Vertreters der Befreiungstheologie, José Miguez Bonino, ob es denn so abwegig sei, „heute die Auferstehung als den Tod der Monopole, die Befreiung von Hunger oder als Einführung von Gemeineigentum neu auszulegen.“[32]

Wenn die Bischöfe Lateinamerikas in Puebla vor einer Ideologisierung der Theologie durch den Marxismus warnen, weil sie „die völlige Politisierung der christlichen Existenz, die Auflösung der Sprache des Glaubens in der Sprache der Sozialwissenschaften und die Aushöhlung der transzendentalen Dimension der christlichen Erlösung“ zur Folge habe[33], dann ist dies angesichts der zitierten Äußerungen nicht nur verständlich, sondern notwendig. Das gleiche gilt für die Feststellung der Glaubenskongregation, das Klassenkampfkonzept, die Identifizierung von Heils- und Profangeschichte und die Vorstellung von der Selbsterlösung des Menschen seien mit der Lehre der Kirche unvereinbar.[34]

Die Reduzierung der Politik auf Klassenkampf hat fünftens noch eine andere, die Fähigkeit zur Beurteilung historischer Ereignisse betreffende Folge. Wenn alles politische Handeln Klassenhandeln ist und sich nur zwei Klassen gegenüberstehen – die Minderheit der Unterdrücker und das unterdrückte Volk –, dann wird jeder Machtverlust des Unterdrückers automatisch als Machtgewinn, als Sieg des unterdrückten Volkes interpretiert. So scheut sich Gutiérrez nicht, die russische Oktoberrevolution als Sieg der Demokratie darzustellen. Sie habe die politischen Entscheidungen den Händen der Elite entrissen und der Regierungsgewalt des Volkes überantwortet.[35] Nicht einmal in der marxistischen Geschichtsschreibung finden solche Interpretationen seit Stalins Tod ungeteilten Beifall. Lenins Intentionen und Schriften, die eine Demokratisierung der politischen Macht immer wieder ablehnen, werden ignoriert.

Das Ökonomieverständnis der Befreiungstheologie

Die Reflexion ökonomischer Sachverhalte, wirtschaftspolitischer Ziele und wirtschaftswissenschaftlicher Theorien ist in der Theologie der Befreiung noch dürftiger als die des Politikbegriffes. Dennoch gibt es auch hier eine Fülle von Äußerungen, die deutlich machen, daß mit einem sehr klar konturierten Bild von der Wirtschaft gearbeitet wird, einem Bild, das einerseits auf marxistische Theorien und andererseits auf die in Lateinamerika weitverbreitete Dependenztheorie zurückzuführen ist.

Ursache der ökonomischen und sozialen Not und der politischen Probleme ist für die Befreiungstheologie in allen Varianten das kapitalistische System und die Abhängigkeit von den nördlichen Industrieländern. Der schlichten Diagnose entspricht die Therapie: durch die Beseitigung des Kapitalismus und der Abhängigkeit, positiv: durch die Einführung des Gemeineigentums an Produktionsmitteln soll die Armut beseitigt und die Befreiung verwirklicht werden. Bevor die Meinungen der Vertreter der Theologie der Befreiung zum Elend der kapitalistischen Gegenwart, zum Heil der sozialistischen Zukunft und zu den Wegen dorthin näher geprüft werden, ist aber festzuhalten, daß ihr Ökonomieverständnis durch eine ganze Reihe von Aussagen zur Politik bereits determiniert wird. Nicht nur die Politik, sondern auch die Ökonomie, so ließ Leonardo Boff vernehmen, ist Ort der Vergeschichtlichung von Gnade und Sünde, von Unterdrückung und Befreiung. Nicht nur die Politik, sondern auch die Ökonomie als ihre Basis ist das Feld des Klassenkampfes.

1. Der Kapitalismus als Ort der Sünde

Die ökonomische und soziale Not Lateinamerikas ist für alle Vertreter der Befreiungstheologie ein strukturelles Problem, dessen Wurzeln im kapitalistischen System verortet werden.[36] Dieses habe sich aus dem Feudalsystem entwickelt, indem die Bourgeoisie, die ihren Lebenssinn in Profit, Kapitalakkumulation und Machtsteigerung gesehen habe, alles der Produktion unterordnete und eine Überflußgesellschaft errichtete. Diese Entwicklung habe, so Leonardo Boff, aber „einen schwindelerregenden sozialen Preis" gekostet, der in „unerträglicher Ungleichheit, Ausbeutung und Armut" bestehe.[37] In dem Maße, in dem sich der Produktionsprozeß der Industrieländer in kapitalistischen Bahnen beschleunigte, habe sich das Problem der Armut weltweit verschärft. Um den Wahrheitsgehalt dieser Hypothese zu belegen, verweist Leonardo Boff auf Marx. „Man braucht nur im Kapital von Karl Marx die Ausführungen über das historische Entstehen des Kapitals und über den sozialen Preis zu lesen, der den Armen abverlangt wird."[38] Lateinamerika gilt in dieser Perspektive als Kontinent, der von den kapitalistischen Industrieländern unterdrückt und beraubt wurde. Seine Unterentwicklung sei eine Folge der Abhängigkeit von den Industrieländern, eine Folge der Ausbeutung, nach Gutiérrez ein „Subprodukt der kapitalistischen Entwicklung der westlichen Welt".[39]

Wer jenseits dieser vielfach variierten und im Kern Karl Marx folgenden Globaldiagnose nach Einzelaussagen zu ökonomisch relevanten Sachverhalten sucht, die das Ökonomieverständnis der Theologie der Befreiung etwas plastischer werden lassen, stößt bei Leonardo Boff auf eine radikale Eigentumskritik, in der sich marxistische und franziskanische Ansätze mischen. Das Streben nach Besitz gilt als menschenfeindlich. „Der Besitz behindert nämlich die Kommunikation der Menschen untereinander und der Menschen mit der Natur. Interessen, Egoismen und exklusive Besitzansprüche legen sich zwischen den Menschen und seine Welt. Der Besitz bringt sie beide auseinander und wirft einen Graben entfremdender Verdinglichung zwischen ihnen auf."[40] Dem Besitzstreben, der „Appropriatio" als der „Seele des Systems des Kapitals", hält Boff einen langen Sündenkatalog vor: es „strebt nach Sicherheit, schadet der Gemeinschaft und dem Mitmenschen, orientiert sich an Leidenschaft und Lust, verletzt die Seele, ist auf den eigenen Vorteil bedacht, überbewertet den Körper, sieht in Verstand und Wille Privatbesitz, führt zur Sünde und zum Satan, ist Gegner aller Güter, stellt sich gegen Gott und läßt sich mit dem Reich Gottes nicht vereinbaren".[41] Daß diese manichäische Sicht ihn dazu verführt, dem kapitalistischen System einen „in sich verderblichen Charakter" zuzuschreiben, erscheint konsequent.[42]

Mindestens fünf kritische Anmerkungen sind angesichts dieser Verurteilung des Kapitalismus als Ort der Sünde notwendig:

Erstens führt das Privateigentum nicht „zur Sünde und zum Satan". Es ermöglicht vielmehr als „eine Art Verlängerung der menschlichen Freiheit", wie das II. Vatikanische Konzil erklärte, die Entfaltung der Person.[43] Die katholische Soziallehre hat in einer langen Tradition zahlreiche Gründe für das Privateigentum genannt, die von der Theologie der Befreiung allesamt ignoriert werden. Das Privateigentum ist in dieser Perspektive kein absolutes Gebot, sondern das effizienteste Mittel zur Verwirklichung des Grundsatzes, daß die Güter dieser Erde allen Menschen zur Verfügung stehen. Es vermittelt den notwendigen Raum für die eigenverantwortliche Gestaltung des Lebens und dient dem Sicherheits- und Versorgungsbedürfnis der Menschen. Es erleichtert die Abgrenzung der Verantwortungsbereiche in der Wirtschaft und hat eine soziale Funktion. Für das Privateigentum an Produktionsmitteln sprechen aber auch eine Reihe von Gründen e contrario. Sie werden deutlich, wenn die Folgen seiner Abschaffung geprüft werden. Eine Minderung der Motivation und der Verantwortung der Arbeitenden, eine Bedrohung der Freiheit und Würde der Person und ein Zurückbleiben des Versorgungsniveaus der Gesellschaft gegenüber Gesellschaften mit einer auf dem Privateigentum beruhenden Wirtschaftsordnung sind die regelmäßige Folge.

Zweitens ist die kapitalistische Wirtschaftsweise, wie schon Pius XI. in Quadragesimo Anno feststellte, „als solche nicht zu verdammen". Sie ist als eine Wirtschaftsweise, deren Grundlage Privateigentum und Lohnarbeit sind, „nicht in sich schlecht. Die Verkehrtheit beginnt vielmehr erst dann, wenn das Kapital die Lohnarbeiterschaft in seinen Dienst nimmt, um die Unternehmungen und die Wirtschaft insgesamt einseitig nach seinem Gesetz und zu seinem Vorteil ablaufen zu lassen, ohne Rücksicht auf die Menschenwürde des Arbeiters, ohne Rücksicht auf den gesellschaftlichen Charakter der Wirtschaft, ohne Rücksicht auf Gemeinwohl und Gemeinwohlgerechtigkeit."[44] Deshalb werden nur der „ungehemmte", der „primitive" oder „strenge" Kapitalismus verurteilt.[45] Diese in der katholischen Soziallehre seit Rerum Novarum festzustellende Differenzierung wird in der Befreiungstheologie ebenfalls ignoriert.

Drittens ist die Behauptung falsch, die Armut in der Welt sei um so größer geworden, je weiter sich die kapitalistische Produktionsweise entwickelt habe. Armut, auch Massenarmut gab es schon vor der Industrialisierung, und sie ist heute im weltweiten Vergleich in jenen Ländern am geringsten, die am weitesten industrialisiert sind, und in Industrieländern ist auch, allen Marxschen Prognosen zum Trotz, weder die absolute noch die relative Verelendung gestiegen. Armut hat vielfältige Ursachen. Die Industrialisierung ist eine der zentralen Voraussetzungen ihrer Milderung. Im übrigen ist Armut nicht nur ein materielles Phänomen. Die Befreiungstheologie sieht nur die aus ökonomischer Ausbeutung und sozialem Elend resultierende Armut. Es gibt aber, erklärte Johannes Paul II. in seiner Weihnachtsansprache an die Kardinäle 1984[46], „nicht nur die Armut, die den Leib trifft, sondern auch eine andere gefährlichere, die das Gewissen trifft und das innerste Heiligtum der Würde der Person verletzt".

Viertens ist die Dependenztheorie zu jenen klaren, aber falschen Ideen zu zählen, von denen schon Tocqueville gesagt hat, daß sie immer mehr faszinieren als die wahren, aber komplexen

Ideen. Die Unterentwicklung Lateinamerikas ist nicht nur eine Folge, sondern auch eine Ursache ihrer Abhängigkeit. Die von der marxistischen Imperialismustheorie abgeleitete Dependenztheorie übersieht auch die erheblichen Unterschiede zwischen den einzelnen Staaten Lateinamerikas.[47]

Fünftens schließlich widerspricht es menschlicher Erfahrung und auch der katholischen Soziallehre wie dem Neuen Testament überhaupt, Armut sowie soziale und politische Probleme allein auf strukturelle Ursachen zurückzuführen. Systembedingungen sind für die Diagnose und die Therapie sozialer und politischer Probleme zwar von großer Bedeutung, aber von ebenso großer, ja eher noch größerer Bedeutung sind die anthropologischen Wurzeln solcher Probleme. Die Befreiungstheologie ignoriert die Gebrochenheit und die Ambivalenz der menschlichen Natur, ihre Fähigkeit zu konstruktivem und zu destruktivem Handeln, ihre Angewiesenheit auf Erbarmen und Erlösung.

2. Der Sozialismus als Ort der Gnade

Das Wirtschaftssystem, das alle Not beseitigen soll und deshalb Ziel des Befreiungskampfes ist, wird nur mit sehr groben Strichen skizziert. Es wird gelegentlich explizit als sozialistisch gekennzeichnet,[48] häufiger jedoch als System beschrieben, das auf der Aneignung der Produktionsmittel und der politischen Führung durch das Volk beruhe. Wird es als sozialistisch charakterisiert, folgt meist der Hinweis, daß es natürlich ein anderer Sozialismus sein solle als der des Ostblocks, der von Boff wegen seiner „bürokratischen Tyrannei und der Verletzungen der individuellen Freiheiten“ kritisiert wird, ohne daß er näher darlegt, wie er sich von diesem unterscheiden soll.[49]

Die Sozialisierung ökonomischer und politischer Macht gilt nicht nur als Garantie der angestrebten Befreiung und der Beseitigung der Armut, sondern als religiöse Pflicht. Sie ist für Gutiérrez eine Konsequenz der Nächstenliebe. Zu essen oder zu trinken geben nehme „heute die Gestalt einer politischen Initiative an und bedeutet Veränderung einer Gesellschaft, deren Struktur grundsätzlich einige wenige bevorzugt, die sich den Mehrwert aus der

Arbeit der anderen aneignen. Dabei muß diese Umstrukturierung an den Wurzeln des Mißstandes ansetzen und die Gesellschaft radikal von ihrem Fundament her umgestalten, das heißt vom Privateigentum an Produktionsmitteln her."[50] Einführung von Gemeineigentum gilt als Ort der „Epiphanie" des neuen Menschen, als Anfang des Gottesreiches, ja – bei José Miguez Bonino – als Erfüllung aller christlichen Hoffnung, wenn sie zusammen mit dem Tod der Monopole zum Synonym für Auferstehung wird. Die Aushöhlung der transzendentalen Dimension der christlichen Erlösung, vor der die Bischöfe in Puebla warnten, ist hier manifest. So weit wie Miguez Bonino gehen Leonardo Boff und Gutiérrez zwar nicht, ja Gutiérrez stellt einmal sogar fest, die christliche Hoffnung bewahre „uns vor jeder Verwechslung der Herrschaft Gottes mit einer bestimmten geschichtlichen Etappe".[51] Aber diese Feststellung scheint an vielen anderen Stellen seines Werkes wieder vergessen zu werden. Für beide gilt, daß sie die Sozialisierung der Produktionsmittel nicht nur als Weg zur Lösung aller ökonomischen und sozialen Probleme, sondern als Ort der Gnade betrachten.

Leonardo Boff preist Kubas Sozialismus, weil er die Favelas und den Analphabetismus beseitigt habe. Die Beseitigung von Massenarmut und Analphabetismus ist gewiß eine Leistung, allerdings keine rühmenswerte, wenn Freiheit und Menschenwürde ihr Preis sind. Die Verletzung der Menschenrechte in Kuba wird von Boff nicht erwähnt, und die Verfolgung der Kirche in den ersten Jahren nach der Revolution ist für ihn offenkundig auf einen Episkopat zurückzuführen, der in diesem Befreiungsprozeß halsstarrig seine Kooperation mit dem Regime Castros verweigerte.[52]

Die kritischen Anmerkungen zu dieser Sakralisierung des Sozialismus lassen sich auf zwei beschränken: Erstens widerspricht eine solche Sakralisierung der grundlegenden und unaufhebbaren Differenz zwischen christlichem Heil und menschlichem Wohl, zwischen Heilsgeschichte und Profangeschichte. Zwar entscheidet die Tätigkeit des Christen in der Welt und damit auch sein politisches Handeln, sein Einsatz für Frieden, Freiheit und Gerechtigkeit in der Geschichte über sein transzendentes Heil.

Aber eine Wirtschaftsverfassung kann sowenig wie eine politische Ordnung für sich in Anspruch nehmen, Verwirklichung des Gottesreiches zu sein. Sie kann nur auf ihre Effizienz bei der Bereitstellung von Gütern und Dienstleistungen und auf ihre Gemeinwohltauglichkeit hin geprüft werden.

Zweitens scheinen die Vertreter der Befreiungstheologie jeder Auseinandersetzung mit dem realen Sozialismus im Ostblock oder in der Dritten Welt aus dem Weg zu gehen. Die in vielen Bereichen sehr schwierige Versorgungslage der Bevölkerung, die immer wieder auch innerhalb der kommunistischen Parteien kritisierte Korruption in allen Bereichen der Wirtschaft, die Mißachtung der Menschenrechte und des Selbstbestimmungsrechts der Völker und die enge Abhängigkeit der sozialistischen Staaten von der Sowjetunion, die eine „Dependenztheorie" rechtfertigen würde, scheinen für sie keine systembedingten Probleme zu sein. Das problemreiche Verhältnis von katholischer Gesellschaft und sozialistischem Staat in Polen findet keine Aufmerksamkeit, und auch im Loblied auf Kuba scheint die Frage, ob es denn das Volk selbst sei, das sich die ökonomische und die politische Macht angeeignet hat, plötzlich nicht mehr relevant zu sein.

3. Die Revolution als Sakrament

Die Revolution ist für die Theologie der Befreiung in allen ihren Varianten der einzige Weg zur umfassenden Befreiung. Dies gilt für die Wirtschaft wie für die Politik. Die Revolution bedeutet einen totalen Bruch mit dem herrschenden ökonomischen und politischen System. „Befreiung . . . ist eine Absage an vermittelnde und reformistische Vorstellungen auf dem Gebiet von Wirtschaft und Politik."[53] Die bereits erwähnte Verurteilung aller Entwicklungs- und Integrationskonzepte der Entwicklungspolitik schließt alle ökonomischen Reformvorstellungen, alle Theorien und Institutionen und selbst Gesprächskreise wie die Trilaterale Kommission[54] ein, die keinen radikalen Bruch mit den Eigentums- und Produktionsverhältnissen anstreben. Die katholische Soziallehre wird von Clodovis Boff wegen fehlender „mystischer Anziehungskraft" abgelehnt.[55] Eine „Mystik der Veränderung der Gesellschaft" zu entwerfen, „um dadurch schon hier auf der Erde das Reich Gottes zu antizipieren und zu konkretisieren", ist für Leonardo Boff die Aufgabe der Kirche.[56] Die Sozialenzykliken seien zwar „Denkmäler des ethischen Einfühlungsvermögens", kämen aber „über Appelle zur Veränderung nicht hinaus und bleiben beträchtlich hinter dem marxistischen Beitrag zur Ausarbeitung und Organisation des Befreiungskampfes des Proletariats zurück".[57] Es gibt in dieser Perspektive keinen dritten Weg zwischen Sozialismus und Kapitalismus, zwischen Befreiung und Unterdrückung, zwischen Revolution und Ausbeutung. Die Revolution gilt als das Sakrament der Befreiung nicht nur für die Armen, sondern auch für die Reichen und Mächtigen.

Die Sakralisierung der Revolution entspricht der Sakralisierung des Sozialismus. Die Theologie der Befreiung ist weit davon entfernt, die ökonomischen und politischen Probleme revolutionärer Brüche zu sehen, geschweige denn zu reflektieren. Daß sie sich bei dieser Rezeption nicht auf die katholische Soziallehre berufen kann, weiß sie. Es mag für sie und für den kirchenfernen Beobachter unerheblich sein.

Die Theologie der Befreiung unterläuft mit dieser Sakralisierung von Sozialismus und Revolution nicht nur den christlichen Glauben, sondern auch ihre Option für die Armen. Sie wird zum Opium eines Volkes, dessen ökonomische, soziale und politische Probleme, dessen Not und Unterdrückung in vielen Staaten Lateinamerikas nicht zu übersehen sind. Weniger um der Orthodoxie als um der Freiheit und der Gerechtigkeit in diesen Staaten willen bedarf die Theologie der Befreiung der Kritik.

Diese Kritik kann sich nicht nur auf das Politik- und Ökonomieverständnis erstrecken. Sie muß auch auf ihr Geschichtsverständnis, auf ihre Hermeneutik, auf ihre Marxismusrezeption, auf ihre Exegese des Alten und Neuen Testaments und auf ihre Ekklesiologie ausgeweitet werden.[58] Vor allem in der Marxismusrezeption, die fälschlicherweise immer wieder als unerheblich charakterisiert wird,[59] werden die Weichen für das Politik- und Ökonomieverständnis gestellt. Auch die der Befreiungstheologie mit Recht immer wieder vorgehaltene Vermischung von Heilsgeschichte und Profangeschichte, die den gelegentlich geäußerten eschatologischen Vorbehalt, den der Christ jeder innerweltlichen Zielsetzung entgegenhält, wieder verdeckt, hat hier ihre Wurzeln. Die politische Lektüre der Bibel und das um die Begriffe Befreiung und Konflikt kreisende Kirchenverständnis werden von dorther präjudiziert. Auch die Revolution der Hermeneutik hat hier ihre Quelle, die Revolution, die darin besteht, jede Erkenntnis, jede Theorie und jede Zielsetzung vom Engagement im Befreiungskampf abhängig zu machen.

Mit der Marxismusrezeption hängt schließlich ein Charakteristikum der Befreiungstheologie zusammen, das auch von ihren Kritikern übernommen werden kann: die Betonung der Praxis. Erst durch sie, noch nicht durch Theorien, werden die Probleme Lateinamerikas gelöst werden können. Wer an der sozialen Gerechtigkeit, an wirtschaftlichem Wachstum und an der politischen Stabilität, an Entwicklung, Frieden und Demokratie in Lateinamerika interessiert ist, kann die von der Befreiungstheologie so sehr unterstrichene Bedeutung der Praxis nicht zurückweisen. Aber diese Praxis wird ihr Ziel, Überwindung sozialer Not und politischer Unterdrückung oder auch Befreiung, nur erreichen, wenn sie sich an den Ordnungsprinzipien der katholischen Soziallehre, der rechts- und sozialstaatlichen Demokratie sowie der Sozialen Marktwirtschaft und nicht an der Dämonisierung des Kapitalismus und der Sakralisierung des Sozialismus orientiert.

Heinz Joachim Held

Theologie der Befreiung im Ökumenischen Rat der Kirchen

Das Gesamtthema der Veranstaltung spricht zwar zu Recht von Theologien der Befreiung im Plural, weil es sehr verschiedene Ausprägungen dieser Theologie gibt. Dennoch ziehe ich es der Einfachheit halber vor, von Theologie der Befreiung zu sprechen.

Bei diesem Stichwort von der Theologie der Befreiung denkt man zuerst an Lateinamerika. Dort ist das entsprechende theologische Denken zuerst entstanden. Wenn es seinen Ursprung auch zunächst in den Kreisen der römisch-katholischen Kirche genommen hat, fand es aber bald auch Eingang und Zustimmung in den verschiedenen evangelischen Kirchen des lateinamerikanischen Kontinents. In der Tat hat die Theologie der Befreiung dann auch im Ökumenischen Rat der Kirchen Platz gefunden, und zwar als ein Beitrag seiner Mitgliedskirchen in Lateinamerika. Insofern ist es richtig, von der Theologie der Befreiung im Ökumenischen Rat der Kirchen zu sprechen. Denn eine Befreiungstheologie oder überhaupt eine normative Theologie des Ökumenischen Rates selbst kann es nach seinem Selbstverständnis nicht geben und gibt es im Grunde auch nicht. Der Ökumenische Rat ist keine Kirche, sondern ein Rat von Kirchen. Daher kann er keine offizielle Theologie haben. Vielmehr bringt jede seiner Mitgliedskirchen in das theologische Gespräch und in die zwischenkirchliche Zusammenarbeit im Ökumenischen Rat ihre eigenen theologischen Traditionen, ihre besonderen kirchlichen Erfahrungen und die ihr in der Gegenwart gestellten Fragen ein. So ist auch die Theologie der Befreiung ein solcher Beitrag der lateinamerikanischen Mitgliedskirchen zum Gesamtdialog aller Kirchen im Rahmen des Ökumenischen Rates.

Wenn die Theologie der Befreiung dort eine besondere Aufmerksamkeit gefunden hat, so hat dies vor allem zwei Gründe. Einmal zeigt sich daran, welche Bedeutung der lateinamerikanische Kontinent mit seinen Herausforderungen an die weltweite Kirche in den letzten beiden Jahrzehnten gewonnen hat. Zum anderen hat man im Ökumenischen Rat die Theologie der Befreiung aus Lateinamerika als eine verantwortliche und ernsthafte Anfrage an unsere traditionellen theologischen Arbeitsmethoden empfunden und anerkannt, wie der derzeitige Generalsekretär des Ökumenischen Rates, der methodistische Pfarrer Dr. Emilio Castro aus Uruguay, Ende Juli dieses Jahres in seinem Bericht vor dem Zentralausschuß des Ökumenischen Rates in Buenos Aires sagte. Er fügte sofort erklärend hinzu: „Das Schlimmste, was wir in anderen Teilen der Welt tun könnten, wäre, die lateinamerikanische Befreiungstheologie sklavisch nachzuahmen oder aber zu einer folkloristischen Erscheinung Lateinamerikas herabzuwürdigen." Ihm zufolge geht es darum, sich der Herausforderung zu stellen, die die Theologie der Befreiung an uns richtet, und im kritisch-selbstkritischen Gespräch mit ihr die Verantwortung neu zu überdenken, die wir als Christen in unserem eigenen kirchlichen und gesellschaftlichen Handlungsumfeld haben. Dies gilt übrigens für alle Kirchen im Ökumenischen Rat, aus welcher bekenntnismäßigen Tradition oder politischen Lebenssituation sie auch kommen.

Nach den Aussagen seiner Verfassung ist der Ökumenische Rat „eine Gemeinschaft von Kirchen, die den Herrn Jesus Christus gemäß der Heiligen Schrift als Gott und Heiland bekennen und darum gemeinsam zu erfüllen trachten, wozu sie berufen sind, zur Ehre Gottes, des Vaters, des Sohnes und des Heiligen Geistes". In dieser „Basis" des Ökumenischen Rates darf man nicht eigentlich ein kurz gefaßtes Glaubensbekenntnis seiner Mitgliedskirchen sehen. Vielmehr enthält sie in einer prägnanten und klaren Weise die Kriterien für die glaubensmäßige Grundlage dieser Gemeinschaft von Kirchen, für die Grenzen ihrer möglichen Mitgliedschaft und für die Ziele ihrer Zusammenarbeit. Die „Basis" besagt, daß sich die Mitgliedskirchen bei allen Unterschieden im einzelnen in folgenden Punkten einig sind: (1) im gemeinsamen Bekenntnis zu Gottes rettendem Handeln zum Heil der Welt in Jesus Christus, (2) in der Anerkennung der maßgeblichen Bedeutung der Heiligen Schrift und der altkirchlichen Glaubensbekenntnisse für Lehre und Leben der Kirchen, und (3) in der Bejahung ihrer Berufung zur gemeinsamen Erfüllung des Willens Gottes in dieser Welt. Bedeutsam erscheint mir, daß in dieser Basisformel des Ökumenischen Rates nicht zwischen der Berufung der Kirchen zur Einheit im Glauben einerseits und zu einem gemeinsamen Leben und Handeln andererseits unterschieden wird. Glauben und Leben, Christusbekenntnis und christliches (das heißt christusgemäßes) Handeln gehören für die Kirchen des Ökumenischen Rates untrennbar miteinander zusammen.

Daher war es folgerichtig und entsprach einer inneren Notwendigkeit, daß in dem 1948 gegründeten Ökumenischen Rat der Kirchen zwei große, ursprünglich selbständige Vorläuferbewegungen zusammengeflossen sind: die Bewegung für „praktisches Christentum“ (englisch: Life and Work), die 1925 mit einer ersten großen Weltkonferenz in Stockholm unter der Leitung des schwedischen lutherischen Erzbischofs Nathan Söderblom hervortrat, und die Bewegung für „Glauben und Kirchenverfassung“ (englisch: Faith and Order), die ihre erste große Konferenz 1927 in Lausanne in der Schweiz abhielt. Durch den Zusammenschluß dieser beiden Vorläuferbewegungen im Ökumenischen Rat der Kirchen wurden zwei Grundanliegen der ökumenischen Aufgabe aufs engste miteinander verknüpft: die Bemühung um die Einigung der Kirchen auf dem Feld der theologischen Lehre und der sakramentalen gottesdienstlichen Gemeinschaft einerseits und die Anstrengungen um eine gemeinsame Bezeugung des Willens Gottes durch die Kirchen auf dem Gebiet des gesellschaftlichen und politischen Lebens in der Welt andererseits.

Schon kurz nach dem Ende des Ersten Weltkrieges hatte Erzbischof Nathan Söderblom unter dem Eindruck der tiefen Erschütterungen, welche die damaligen erbitterten Feindseligkeiten über die abendländische Völkergemeinschaft gebracht hatten, den Gedanken eines Ökumenischen Rates der Kirchen entwickelt, „der imstande wäre, im Namen der Christenheit zu religiösen, sittlichen und sozialen Fragen der Menschheit Stellung zu nehmen". Angesichts der tiefen Verschiedenheiten in den theologischen Überzeugungen und in den sozialethischen Traditionen war es nicht schwer vorauszusehen, daß die Kirchen so schnell und so leicht keine Einigung im Sinne eines gemeinsamen gesellschaftlichen Handelns in der Welt würden erreichen können. Es gab keine gemeinsame christliche Soziallehre und auch keine gemeinsame Erfahrung im Umgang mit den gesellschaftlichen Konfliktfragen. Dennoch war man sich damals darin einig, daß es eine Aufgabe der Kirchen sei, auf der Grundlage ihres Glaubens einen Beitrag zum Aufbau einer besseren Ordnung des Zusammenlebens von Menschen und Völkern in unserer Welt zu leisten.

Lassen Sie mich zusammenfassend zunächst zwei Dinge hervorheben. Erstens: Die ökumenische Bewegung ist sowohl in ihren Bemühungen um die glaubensmäßige Annäherung der Kirchen wie auch in ihren Anstrengungen um eine Zusammenarbeit der Kirchen auf dem gesellschaftlichen und politischen Verantwortungsfeld klaren Antrieben des christlichen Glaubens gefolgt. Zweitens: Der Auftrag zur gemeinsamen Verkündigung der christlichen Botschaft in der Welt und zur fortschreitenden Einigung im Glauben einerseits und die Verpflichtung zu einem gemeinsamen, die Grenzen überwindenden christlichen Beitrag zur Verwirklichung von Gerechtigkeit und Frieden im Leben der Menschen andererseits gehören im Denken und in der Arbeit des Ökumenischen Rates von Anfang an auf das engste zusammen.

Der Beginn der neuzeitlichen ökumenischen Bewegung wird gewöhnlich in der Weltmissionskonferenz in Edinburgh 1910 gesehen. Damals ging man von der Überzeugung aus, daß es um der Glaubwürdigkeit des christlichen Glaubens in einer nichtchristlichen Welt notwendig sei, zu einer größeren Gemeinschaft unter den Kirchen und zu einer einvernehmlichen Absprache zwischen ihnen auf dem Gebiet der missionarischen Bemühungen zu kommen. Ein Ausschuß der Konferenz stellte in seinem Bericht lapidar fest: „Es ist eine kritische Zeit. Die nichtchristlichen Nationen erfahren große Veränderungen. Die weit ausgreifenden Bewegungen – national, rassisch, sozial, ökonomisch, religiös – erschüttern die nichtchristlichen Nationen in ihren Grundfesten. Es ist eine Bewährungsprobe für die Kirche." Die Weltsituation – damals vor dem Ersten Weltkrieg mit Worten beschrieben, die auch heute noch nichts von ihrer Gültigkeit verloren haben – stellt die Kirchen und die Christen auf die Probe. Das gilt für die Vergangenheit wie für die Gegenwart. Die Theologie der Befreiung in Lateinamerika ist meines Erachtens aus der Überzeugung heraus entstanden, daß die gesellschaftlichen Probleme und Konflikte auf diesem Kontinent eine unabweisbare Herausforderung für die dortigen christlichen Kirchen darstellen und eine Bewährungsprobe für die Kraft und für die Glaubwürdigkeit der christlichen Botschaft.

Wenn ich es recht sehe, ist die Theologie der Befreiung weder in Lateinamerika noch innerhalb des Ökumenischen Rates als ein geschlossenes theologisches System oder als eine bestimmte theologische Schulrichtung in dem bei uns geläufigen Sinne zu verstehen. Der brasilianische katholische Bischof Dr. Ivo Lorscheiter hat einmal gesagt, sie sei „eine Strömung, die sich noch ihren Weg sucht". Gern wird sie als eine besondere Weise beschrieben, Theologie zu betreiben, wörtlich „Theologie zu tun" (englisch: doing theology). Viele in Lateinamerika und im Ökumenischen Rat rechnen sich zur Theologie der Befreiung, auch wenn sie mit dem theologischen Forschungs- und Lehrbetrieb unmittelbar nichts zu tun haben. Sie sind aber im Sinne einer Theologie der Befreiung engagiert. Damit ist weniger ein Prozeß theologischen Denkens als vielmehr eine kirchliche Praxis im Sinne einer befreienden Predigt des Evangeliums und eines aus dieser christlichen Freiheit kommenden Handelns der Kirchen gemeint.

Nach den Worten eines ihrer frühen führenden Sprecher, nämlich des peruanischen katholischen Theologen Gustavo Gutiérrez, nimmt die Theologie der Befreiung ihren Einstieg bei der konkreten Wirklichkeit, genauer gesagt, bei dem gesellschaftlichen Engagement von Christen und Kirchen in Lateinamerika. Ihr geht es um eine kritische Reflexion dieser kirchlichen Praxis im Lichte der biblischen Botschaft. Sie möchte einen theologischen Beitrag zu dem Zweck und mit dem Ziel leisten, daß das gesellschaftliche Handeln der Christen und der Kirchen wirklich dem Evangelium besser entspricht und ein deutlicheres Zeichen der erlösenden, heilenden, helfenden und vergebenden Liebe Gottes in unserer Welt wird. Insofern hat Generalsekretär Dr. Emilio Castro in seinem schon erwähnten Rechenschaftsbericht vor dem Zentralausschuß des Ökumenischen Rates in Buenos Aires vor kurzem die Befreiungstheologie einen grundlegenden Beitrag zur Evangelisation genannt, also zur Bezeugung des christlichen Glaubens in unserer Welt.

Die Theologie der Befreiung bringt demnach das Handeln von Christen und Kirchen in einer bestimmten kirchlichen und gesellschaftlichen Situation (in diesem Falle: in Lateinamerika) und das biblische Evangelium in einen kritischen und konstruktiven Bezug. Dabei ist es ihr nicht darum zu tun, ein bestimmtes gesellschaftliches oder politisches Handeln theologisch zu rechtfertigen. Vielmehr will sie als eine durchaus kritische theologische Reflexion gegenüber allem gesellschaftlichen Handeln verstanden werden. Die Theologie der Befreiung ist eine Weise theologischen Denkens, die sich kritisch und verändernd auf praktisches Handeln und Verhalten bezieht. Dabei ist es unverkennbar, daß sie sich von biblischen Grundgedanken leiten läßt, die auch im Denken des Ökumenischen Rates der Kirchen von Anfang an eine große Rolle gespielt haben und die zu den Grundüberzeugungen aller christlichen Kirchen gehören. Diese biblischen Grundgedanken können unter dem Leitbegriff des Reiches Gottes zusammengefaßt werden.

Unter Reich Gottes ist in einem weiten Sinn das Handeln Gottes zur Erlösung der Menschheit zu verstehen. Es geht um die Verkündigung, Aufrichtung und Durchsetzung des göttlichen Heilswillens gegenüber allen zerstörerischen und knechtenden Mächten des Bösen in der Welt. Insofern ist Gottes Heilshandeln ein Befreiungshandeln. Nicht zufällig hat Martin Luther in einer seiner bekanntesten reformatorischen Schriften aus dem Jahre 1520 die christliche Botschaft unter der Überschrift „Von der Freiheit eines Christenmenschen“ zusammengefaßt.

In der Bibel wird Reich Gottes auf zweierlei Weise verstanden: einmal als der Bereich, in dem Gottes Wille ganz und gar zur Geltung gekommen ist, ein Geschehen und ein Ereignis, das nach den Aussagen der Heiligen Schrift erst für das Ende aller Tage zu erwarten ist. Dennoch ist das Reich Gottes nicht lediglich ein fernes Ziel am Ende der Geschichte. Es meint vielmehr gleichzeitig auch einen Weg, nämlich unsere eigene Unterstellung unter den Willen Gottes im Leben und Handeln, soweit es uns jetzt schon gegeben und möglich ist. Martin Luther hat dies in seinem Kleinen Katechismus bei der Auslegung der Vaterunser-Bitte „Dein Reich komme" so ausgedrückt: Gottes Reich kommt zwar ohne unser Zutun von selbst, soll heißen: durch Gottes Handeln; wenn wir um das Kommen des Reiches Gottes beten, so ist es uns dabei darum zu tun, daß es auch bei uns heute zum Zuge kommt und sich bei uns selbst durchsetzt. Auf die Frage, wie das zugeht, hat Luther die Antwort gegeben: „Wenn der himmlische Vater uns seinen Heiligen Geist gibt, daß wir seinem heiligen Wort durch seine Gnade glauben und göttlich leben, hier zeitlich und dort ewiglich." Gottes Heilshandeln in unserer Welt zielt also gewiß darauf, einmal sein Reich, in welchem Liebe, Gerechtigkeit, Friede und Wahrheit wohnen werden, am Ende aller Zeiten aufzurichten. Doch soll es jetzt schon durch die Kraft seiner Gnade in unserem Leben und Handeln zeichenhaft Gestalt gewinnen, vorläufig und gewiß bruchstückhaft, aber deswegen nicht weniger entschieden und wirklich. Wenn man daher in unseren Kirchen und auch im Ökumenischen Rat der Kirchen vom Reiche Gottes redet, ist nicht nur ein Ziel am Ende der Menschheitsgeschichte gemeint, sondern auch ein Weg in der Geschichte, eine Weise des Handelns in der Welt, die Gottes Willen und Gottes Zielen entspricht. Die biblische Verkündigung vom Reich Gottes am Ende der Tage soll nicht unser Handeln entwerten oder lähmen, sondern im Gegenteil es jetzt schon bestimmen und beflügeln.

An diese theologischen Überlegungen knüpft die Überzeugung der christlichen Kirchen an, daß es zum Auftrag der Christen gehört, an der Ausbreitung des Reiches Gottes unter den Menschen und Völkern durch die Verkündigung der Glaubensbotschaft und durch ein Handeln der Gerechtigkeit und der Liebe nach allen ihnen gegebenen Kräften mitzuwirken. Dabei geben die Merkmale des Reiches Gottes zugleich die Maßstäbe ab, nach denen sich ein Handeln im Sinne des Reiches Gottes ausrichten soll: im Sinne der Liebe, also mit dem Ziel der Überwindung von Feindschaft und Angst; im Sinne der Gerechtigkeit, also mit dem Ziel der Überwindung von Unrecht und Unterdrükkung; im Sinne des Friedens, also mit dem Ziel der Überwindung von Androhung und Anwendung von Gewalt. Unschwer ist zu erkennen, daß uns mit dem Reich-Gottes-Gedanken nicht ein geschlossenes politisches oder soziales Programm an die Hand gegeben ist, wohl aber ein Kriterienkatalog, der positiv wie kritisch an das Verhalten von Menschen wie an vorhandene gesellschaftliche Verhältnisse angelegt werden kann.

Dieser Leitgedanke vom Reich Gottes als dem Ziel der Geschichte und als einem Weg durch die Geschichte im Hören auf das christliche Evangelium und in der Kraft der Gnade Gottes ist gerade in der Befreiungstheologie Lateinamerikas lebendig. Die Dynamik, die dieser Leitgedanke im dortigen konkreten Kontext entwickelt hat, wird leicht verständlich, wenn man sich vor Augen hält, wie sehr die sozialen Lebensbedingungen der überwiegenden Mehrheit der Bevölkerung Lateinamerikas im krassen Widerspruch zu dem stehen, was die Predigt der Kirche vom Willen Gottes verkündigt. Die Aufnahme, die das Gedankengut der Theologie der Befreiung im Ökumenischen Rat der Kirchen gefunden hat, läßt sich ebenfalls am besten verstehen, wenn man bedenkt, daß die meisten Mitgliedskirchen des Ökumenischen Rates in der Dritten Welt unter Bedingungen leben und das Evangelium verkündigen, in welchen der soziale Auftrag der Kirche innerhalb ihrer Verkündigung der frohen Botschaft einfach unabweisbar geworden ist.

In einem im Jahre 1982 verabschiedeten Dokument des Ökumenischen Rates der Kirchen zu Fragen der Mission und Evangelisation heißt es daher lapidar und unumwunden: „Den Armen die gute Botschaft verkündigen heißt, damit anfangen, ihnen die ihnen zustehende Gerechtigkeit angedeihen zu lassen." Die Verkündigung der Vergebung der Sünden im Sinne der Bekehrung der Herzen und der Kampf um menschenwürdige Lebensbedingungen im Sinne einer Änderung ungerechter Verhältnisse sind im Verständnis des Ökumenischen Rates der Kirchen nicht voneinander zu trennen. Das eine darf nicht gegen das andere ausgespielt werden. Vielmehr hängt die Glaubwürdigkeit des einen an dem anderen, wie es die soeben erwähnte Erklärung des Ökumenischen Rates aus dem Jahre 1982 zum Ausdruck zu bringen versucht: „Eine Verkündigung, die nicht die Verheißungen der Gerechtigkeit des Reiches (Gottes) für die Armen dieser Erde hervorhebt, ist ein Zerrbild des Evangeliums; aber christliche Teilnahme am Ringen um Gerechtigkeit, die nicht auf die Verheißungen des Reiches (Gottes) hinweist, ergibt ebenfalls ein Zerrbild des christlichen Verständnisses von Gerechtigkeit."

Natürlich tauchen sofort Fragen auf, wenn es darum geht zu erörtern, welche konkreten Konsequenzen im einzelnen aus diesem Denk- und Handlungsansatz zu ziehen sind. Doch ist das kein für die Befreiungstheologie spezifisches Problem. Denn diese Frage taucht überall auf, wo sich Christen mit sozialen, wirtschaftlichen und politischen Fragen beschäftigen. In allen diesen Fällen ist es schwer festzustellen, wo die Grenzen einer für alle verbindlichen christlichen Sozialethik liegen oder, anders gesagt: wo der unerlaubte Schritt aus dem theologisch verantwortlichen ins ideologisch-politisch fragwürdige Denken geschieht. Gleichwohl ist festzuhalten, daß im biblischen Leitgedanken vom Reich Gottes eine ganzheitliche Sicht des Evangeliums und des Glaubens, des Menschen und seiner Geschichte enthalten ist. In diesem ganzheitlichen theologischen Denken werden die göttlichen Verheißungen und das menschliche Handeln, der im Herzen lebende Glaube und das nach außen gerichtete politisch-soziale Tun nicht prinzipiell voneinander getrennt, sondern bleiben eng aufeinander bezogen. In diesem Sinn geht die Theologie der Befreiung davon aus, daß sich das befreiende Handeln Gottes an den Menschen auf drei Ebenen vollzieht, die wohl voneinander unterschieden werden müssen, aber dennoch miteinander verbunden sind: die persönliche Befreiung aus der Knechtschaft der Sünde; die gesellschaftliche Befreiung aus ungerechten und menschenunwürdigen Lebensverhältnissen; und die endzeitliche Befreiung der Menschen im Zuge der Erschaffung eines neuen Himmels und einer neuen Erde durch Gott.

Wie sich aus den vorangegangenen Darlegungen ergibt, sind die Gedanken einer Theologie der Befreiung der sozialethischen Denktradition des Ökumenischen Rates nicht fremd. Daher darf es nicht wundern, daß einige Stichworte aus dem Umkreis der Theologie die Befreiung in der Arbeit des Ökumenischen Rates während der letzten Jahre eine besondere Beachtung gefunden haben und gleichsam zu Schlüsselbegriffen seines gegenwärtigen sozialethischen Denkens geworden sind. Ich möchte auf drei von diesen Schlüsselbegriffen eingehen, ohne in irgendeiner Weise Vollständigkeit beanspruchen zu wollen. Es handelt sich um die „besondere Fürsorge Gottes für die Armen" oder, wie man es auch gesagt hat, die „vorrangige Option für die Armen"; um eine neue Ordnung der internationalen Beziehungen; und um die Ganzheitlichkeit christlicher Gemeinschaft. Die Bedeutung der Theologie der Befreiung für den Ökumenischen Rat der Kirchen liegt nicht darin, daß sie ihn überhaupt erst auf diese drei Sachverhalte aufmerksam gemacht hätte. Zweifellos hat aber der Einfluß der Theologie der Befreiung erheblich dazu beigetragen, sie klarer und entschiedener in den Blick zu nehmen.

Zunächst also: Gottes besondere Fürsorge für die Armen.

Schon immer haben es die Kirchen als eine ihrer wichtigen Aufgaben betrachtet, sich um die „Mühseligen und Beladenen" unter den Menschen zu kümmern. Das geschah durch die Versorgung der Armen, durch die Gründung von Hospitälern und Heimen bis hin zur Förderung von Schulen und zur Unterstützung des Genossenschaftswesens. Man wird wohl sagen dürfen, daß ein beträchtlicher Teil unseres heutigen „sozialen Netzes" seine Wurzeln und seine Beweggründe in diesem christlichen Grundgedanken von der vorrangigen Solidarität mit den Armen hat. Doch ist es nicht lediglich ein Ausdruck christlicher Mildtätigkeit, wenn sich Missionare, Priester, kirchliche Mitarbeiter und Gemeinden heute der Elenden und Armen in der Welt annehmen, sei es in den Slums von Kalkutta, in den Notstandssiedlungen von Lima, in den favelas von Brasilien oder unter den Flüchtlingen in Asien, Afrika und Zentralamerika, die durch Hunger, Krieg, Gewaltherrschaft oder Dürrekatastrophen aus ihrer Heimat vertrieben worden sind. Nicht um Wohltätigkeit oder Almosen in einem traditionellen Sinne geht es, sondern um „Gerechtigkeit".

Dieses alte sozialethische Leitwort ist gewiß zunächst im Sinne des „suum cuique" zu verstehen: jeder soll das an Gütern, Verantwortung und Rechten erhalten, was ihm zusteht und ihm ein menschenwürdiges Leben ermöglicht. Doch geht es darüber hinaus um die Gewinnung eines Verständnisses von Gerechtigkeit, wie es sich in der Heiligen Schrift findet. Dort bedeutet Gerechtigkeit ein Gemeinschaftsverhalten der gegenseitigen Solidarität, geradezu im Sinne einer Bündnisgemeinschaft, in der einer für den anderen einsteht. Sie tritt besonders dann in Kraft und Geltung, wenn der andere in Not gerät, in Lebensgefahr steht oder keinen Rechtsschutz hat. Das Stichwort der Gerechtigkeit bezeichnet biblisch geradezu das helfende und rettende solidarische Handeln zugunsten der schutzlosen, armen und unterdrückten Menschen. Gott selbst wird in der Bibel immer wieder als der Rechtshelfer der Armen erfahren und verkündigt.

Im Denken des Ökumenischen Rates der Kirchen ist Gerechtigkeit im Sinne der Hilfe zum Recht und des Kampfes für Gerechtigkeit zu einem durchgängigen Leitwort im sozialethischen Denken und Handeln geworden. Daher kommt es, daß man dort immer wieder von einer „mit den Armen solidarischen Kirche" als dem biblischen Gebot für unsere heutige Weltstunde spricht. Dies ist vielerorts und immer wieder als eine einseitige Parteinahme des Ökumenischen Rates angesehen und kritisiert worden. Doch muß sich diese Kritik mit dem soeben andeutend umschriebenen biblischen Glaubenszeugnis auseinandersetzen, wonach es in der Tat eine „besondere Option Gottes zugunsten der Armen" gibt. Die christliche Kirche hat das im Grunde immer gewußt. Nur ist diese Einsicht zuweilen auch immer wieder in den Hintergrund getreten und kam nicht genügend zur Geltung. Ohne Zweifel ist die Kirche mit ihrer Botschaft und Fürsorge für alle Menschen da. In der bereits erwähnten Erklärung des Ökumenischen Rates über Mission und Evangelisation aus dem Jahre 1982 heißt es in diesem Zusammenhang: „Die Vorliebe für die Armen bedeutet keine Diskriminierung aller anderen Menschen. Sie ist ganz im Gegenteil ein Leitfaden für die Prioritäten und für das Verhalten aller Christen überall." Das Kriterium der Gerechtigkeit mißt das Verhalten der Menschen im einzelnen und die jeweilige gesellschaftliche Ordnung daran, ob sie dazu beitragen, daß die armen und an den Rand gedrückten Menschen zu ihrem Lebensrecht und zu ihrer menschlichen Anerkennung kommen. Dieses Kriterium hat freilich nicht nur Bedeutung für das individuelle Handeln der Menschen oder für ihr Zusammenleben innerhalb eines bestimmten Staates. Es gilt vielmehr auch für die gerechte Ordnung des Zusammenlebens der Völker im weltweiten Maßstab.

Daher nun zu der Frage der Neuordnung des internationalen Zusammenlebens.

In den Jahren nach seiner Gründung im Jahre 1948 hat man im Ökumenischen Rat sehr viel vom Leitbild der „verantwortlichen Gesellschaft" gesprochen. Dabei ging man vor allen Dingen von den Erfordernissen aus, die sich beim Neuaufbau des politischen und gesellschaftlichen Lebens in den kriegszerstörten Ländern West- und Osteuropas ergaben. Menschliche Freiheit und soziale Verantwortlichkeit sollten in das rechte Zueinander gebracht werden. Es hieß damals in einem der maßgebenden Texte: „Eine verantwortliche Gesellschaft ist eine solche, in der Freiheit die Freiheit von Menschen ist, die Verantwortung für Gerechtigkeit und öffentliche Ordnung anerkennen, und in der diejenigen, die politische Autorität oder wirtschaftliche Macht innehaben, für deren Ausübung verantwortlich sind, vor Gott und dem Volk, dessen Wohlfahrt dadurch berührt ist. ... Für eine verantwortliche Gesellschaft unter modernen Bedingungen ist es erforderlich, daß die Bevölkerung die Freiheit hat, ihre Regierungen zu kontrollieren, zu kritisieren und zu verändern, daß Macht sich vor Gesetz und Tradition verantworten muß und soweit als möglich über die ganze Gemeinschaft hin aufgeteilt ist. Es ist erforderlich, daß wirtschaftliche Gerechtigkeit und Gewährung von Chancengleichheit für alle Mitglieder der Gesellschaft hergestellt werden."

Auf der Basis dieses Leitgedankens von der „verantwortlichen Gesellschaft" hat der Ökumenische Rat der Kirchen in den Jahren zwischen 1954 und 1962 eine umfassende Studienarbeit durchgeführt, die sich mit den gesellschaftlichen Auswirkungen des „raschen sozialen Wandels" (wie man es damals nannte) vor allem in den Ländern Asiens, Afrikas und Lateinamerikas befaßte. Dabei wurde man auf die weltweiten Zusammenhänge der politischen, wirtschaftlichen und kulturellen Verflechtungen der Völker und Staaten aufmerksam. Man begann das Problem der Abhängigkeit der einen Völker von den anderen zu erkennen und als eine Herausforderung an das Denken und Handeln auch der Kirchen zu begreifen. Seit der Weltkonferenz des Ökumenischen Rates für Kirche und Gesellschaft in Genf 1966 steht dieses Problem der „Abhängigkeit" der Länder des Südens von den Ländern des Nordens unserer Erde immer wieder in gewandelter Form als Problem auch auf der Tagesordnung des Ökumenischen Rates.

Die Beschäftigung des Ökumenischen Rates mit dem Problem der „Abhängigkeit" geschieht nicht einfach aus modischen Gründen, sondern weil sich die betroffenen Kirchen in den Entwicklungsländern immer wieder mit den Auswirkungen des Abhängigkeitsverhältnisses konfrontiert sehen und davon betroffen sind. Das Problem zu benennen, heißt natürlich noch nicht, eine Lösung dafür gefunden zu haben. Es bedarf auch keiner Frage, daß der Ökumenische Rat der Kirchen nicht über einen „Masterplan" zur Herbeiführung einer neuen, gerechteren politischen und wirtschaftlichen Weltordnung verfügt. Ebenso klar ist es aber auch, daß erhebliche Anstrengungen, auch in struktureller Hinsicht, unternommen werden müssen, wenn man den drei Zielen (a) der Gerechtigkeit, (b) der gleichberechtigten Teilnahme aller Völker an den weltpolitischen Entscheidungen und (c) der Erhaltung unserer natürlichen Lebensumwelt näherkommen will, wie sie der Ökumenische Rat in seinem heutigen Leitgedanken von der „just, participatory and sustainable society" zusammengefaßt hat.

Es ist unbestreitbar, daß in diesem Zusammenhang von Kirchenvertretern innerhalb des Ökumenischen Rates immer wieder die Frage verhandelt wurde, ob nicht sozialistische Leitgedanken eine Alternative zur Überwindung der Schwächen des gegenwärtigen Weltwirtschaftssystems darstellen. Nach meiner Wahrnehmung haben sich diese Debatten um ein sozialistisches Modell für eine Neuordnung des gesellschaftlichen Zusammenlebens innerhalb des Ökumenischen Rates in Wellen vollzogen. Offenbar gewinnen sie ihre Antriebe immer wieder neu aus der Erfahrung der ständig bedrängender werdenden Probleme und Notstände. Die Erörterung möglicher sozialistischer Ordnungswege verstehe ich daher eher als einen Ausdruck der Suche nach Problemlösungen denn als tatsächliche Lösungskonzepte selbst. Alle Bestrebungen innerhalb des Ökumenischen Rates, in diesem Zusammenhang mehr als ganz allgemeine Leitgedanken zu formulieren, sind bisher nicht weitergekommen und in letzter Zeit auch noch nicht wieder unternommen worden. Gleichwohl scheint mir die Aufgabe selbst gestellt zu bleiben. Der Leitgedanke von der „verantwortlichen Gesellschaft“ enthält eine Reihe von Postulaten, die im Blick auf die Ordnung eines besseren Zusammenlebens aller Völker in unserer Welt nach wie vor Bedeutung haben. Unter diesen Postulaten kommt dem Kriterium der Gerechtigkeit eine entscheidende Rolle zu, genauer gesagt, der kritischen Frage, ob eine solche Neuordnung des Zusammenlebens der Völker in politischer und wirtschaftlicher Hinsicht wirklich den Ärmsten der Armen auf Dauer zu ihrem vollen Lebensrecht und zu einer wirklichen Mitbestimmung in der internationalen Völkergemeinschaft hilft.

Schließlich noch zur Frage der „Ganzheitlichkeit“ der christlichen Gemeinschaft.

Unter diesem Stichwort geht es kurz gesagt um die Zusammengehörigkeit der beiden Grundanliegen der ökumenischen Bewegung, die stichworthaft mit den Worten umrissen werden können: Einheit der Kirche und Gerechtigkeit für alle Menschen. Auch damit ist im Grunde, wie zu Anfang dargelegt, nichts eigentlich Neues benannt. Doch ist durch das Denken der Theologie der Befreiung dieser Grundgedanke von der Ganzheitlichkeit christlicher Gemeinschaft, christlicher Verkündigung und christlichen Handelns im Ökumenischen Rat der Kirchen stärker bewußt geworden. Auf seiner Dritten Vollversammlung in Neu-Delhi 1961 hatte er das Leitbild von der „Einheit, die wir suchen“ in folgender Weise umschrieben:

„Wir glauben, daß die Einheit, die zugleich Gottes Wille und seine Gabe an die Kirche ist, sichtbar gemacht wird, indem alle an jedem Ort, die in Jesus getauft sind und ihn als Herrn und Heiland bekennen, durch den Heiligen Geist in eine völlig verpflichtete Gemeinschaft geführt werden, die sich zu dem einen apostolischen Glauben bekennt, das eine Evangelium verkündet, das eine Brot bricht, sich im gemeinsamen Gebet vereint und ein gemeinsames Leben führt, das sich in Zeugnis und Dienst an alle wendet."

Hier kommt es vor allem auf den Zentralbegriff von der „völlig verpflichteten Gemeinschaft" an. Er umfaßt hier nicht nur die christliche Lehre, die christliche Verkündigung und den christlichen Gottesdienst, sondern meint auch ein wirkliches Zusammenleben in Gemeinschaft. Was das im einzelnen bedeutet, wird in derselben Erklärung von Neu-Delhi unter anderem wie folgt ausgedrückt:

„Miteinander geteilte Leiden und Freuden, gemeinsames Hören auf das Evangelium und (gemeinsames) Antworten (darauf) im Glauben, Gehorsam und Dienst, (ein) Sichvereinigen in der Sendung Christi in der Welt, eine sich selbst vergessende Liebe zu allen, für die Christus starb, und die versöhnende Gnade, welche alle Mauern der Rasse, der Hautfarbe, Kaste, Stammeszugehörigkeit, des Geschlechtes, der Klasse und Staatsangehörigkeit zerbricht."

Damit sollte gesagt werden: Wenn wir als Christen Gottesdienst miteinander feiern und gemeinsam am Sakrament des Heiligen Abendmahls teilhaben, wie es in den Versammlungen des Ökumenischen Rates geschieht (leider noch nicht zusammen mit den Vertretern der orthodoxen Kirchen des Ostens und der römisch-katholischen Kirche), werden die Gottesdienstteilnehmer, wenn sie tatsächlich Vertreter ihrer Kirchen und nicht nur Einzelpersonen sind, zu einer echten, verbindlichen Gemeinschaft zusammengeschlossen. Diese Gemeinschaft wirkt sich in der gemeinsamen Bezeugung des christlichen Glaubens, in der Fürbitte füreinander, in dem gegenseitigen Anteilnehmen an den Leiden und Freuden, im Anteilgeben an den Glaubenserfahrungen und im Miteinanderteilen der irdischen Güter aus. Nur wenn man christliche Gemeinschaft in diesem ganzheitlichen Sinne versteht und praktiziert, wird man dem biblischen Zeugnis vom Wesen der in Christus gestifteten Einheit der Kirche im Glauben und in der Liebe gerecht.

Der gemeinsame Gottesdienst und die gemeinsame Teilnahme am Sakrament des Heiligen Abendmahls machen uns frei, müßten uns freimachen füreinander, zum Miteinanderfühlen und Miteinanderteilen, zum Mittragen der Lasten und Belastungen des einen durch den anderen, zum Füreinandereintreten und Voneinanderlernen. Die gottesdienstliche Gemeinschaft im Glauben hat Wirkungen und Folgen, muß sie haben in unseren mitmenschlichen Beziehungen, sowohl individuell wie sozial. Darum heißt es in den wichtigen Konvergenzdokumenten über „Taufe, Eucharistie und Amt", welche die Kommission des Ökumenischen Rates für Glauben und Kirchenverfassung Anfang 1982 in Lima verabschiedet hat, daß es durch die Feier des Heiligen Abendmahls zur Versöhnung unter allen kommt, die sich als Brüder und Schwestern in der einen großen Familie der Kirche Gottes auf Erden anzusehen gelernt haben. Daher ist die Feier des Heiligen Abendmahles zugleich „eine ständige Herausforderung zur Suche nach angemessenen Beziehungen untereinander im sozialen, wirtschaftlichen und politischen Leben". Wenn wir miteinander das Sakrament der Eucharistie feiern, muß dies, müßte dies zur Folge haben, daß wir bestehende Probleme in unseren Beziehungen untereinander zu überwinden suchen, unserem menschlichen Stolz und manchen unserer materiellen Interessen absagen lernen und ungerechtfertigte kirchliche Trennungen nicht länger gelten lassen. Wir würden uns der Teilnahme am Sakrament des Heiligen Abendmahles als unwürdig erweisen, wenn wir uns nicht in der beschriebenen Weise für volle menschliche Gemeinschaft und Gerechtigkeit untereinander einsetzen.

Ich komme zum Schluß und muß mich mit diesen kurzen Hinweisen begnügen. Mir ging es darum, einige der Herausforderungen zu benennen, vor die wir uns in der Gemeinschaft des Ökumenischen Rates durch das Denken der Theologie der Befreiung gestellt sehen. Ich bin mir darüber klar, daß jede Konkretion schwierig ist und umstritten sein wird. Doch habe ich bereits auf

Martin Luther und seine Schrift „Von der Freiheit eines Christenmenschen“ hingewiesen. Seine beiden berühmten Eingangsthesen in dieser kleinen Schrift lauten paradoxerweise so:

„Ein Christ ist ein freier Herr über alle Dinge und niemandem untertan.

Ein Christ ist ein dienstbarer Knecht aller Dinge und jedermann untertan.“

Diese beiden Sätze dürfen nicht als zwei voneinander zu trennende Aussagen, sondern müssen als eine einzige verstanden werden, als die zwei Seiten ein und derselben Medaille. Liest man Luthers Schrift im einzelnen durch und läßt sie auf sich wirken, wird man unschwer erkennen, daß er die Freiheit eines Christenmenschen als eine Wirkung und Folge seines Glaubens an Christus und seiner Gemeinschaft mit ihm beschreibt. Diese Freiheit eines Christenmenschen verwirklicht sich nach Luther in drei Grundformen mitmenschlicher Gemeinschaft: einmal durch das Freiwerden vom Zwang zur Selbstverwirklichung und durch die Befreiung zur Selbstbescheidung in den persönlichen Lebensansprüchen (Askese); zweitens durch das Freiwerden von der Selbstbezogenheit in der irdischen Existenzsicherung und durch die Befreiung zur Selbsthingabe an den Mitmenschen in Not (Nächstenliebe); und drittens durch das Freiwerden von der Versuchung zu Selbstgerechtigkeit und Selbstrechtfertigung und durch die Befreiung zum Mittragen von Schuld, Lasten und Schwächen der anderen (Solidarität mit den schuldig gewordenen Mitmenschen). Martin Luther hat diese Befreiung eines Christenmenschen durch den Glauben an Christus zur Gemeinschaft der Liebe mit den anderen Menschen im Blick auf das persönliche Leben des einzelnen beschrieben. Ich habe keinen Zweifel daran, daß dies alles auch Bedeutung für das gemeinschaftliche Zusammenleben der Menschen in einem bestimmten Land und in der Welt überhaupt besitzt. Ich sehe hierin eine große Herausforderung und bin der Überzeugung, daß der Ökumenische Rat seinen Mitgliedskirchen geholfen hat und weiter helfen wird, ihr besser gerecht zu werden.

Martin Honecker

Wirtschaftliche Abhängigkeit – aus der Sicht der Theologien der Befreiung und evangelischer Sozialethik

Das Gesamtthema des Studiengesprächs lautet „Theologien der Befreiung – Eine Herausforderung an Kirche, Gesellschaft und Wirtschaft". Soll das Thema nicht nur rhetorisch gemeint sein, dann muß man sich den Herausforderungen wirklich stellen, muß ihnen also standhalten und darf ihnen nicht einfach rhetorisch, polemisch begegnen. Nun fällt mir die Aufgabe zu, die Sicht evangelischer Sozialethik einzubringen und mitzubedenken. Auch hier wird, denke ich, Einverständnis darüber bestehen, daß keine Sozialethik überhaupt Armut und Not legitimieren kann, also die wirtschaftlichen, sozialen und politischen Mißstände, Elend und Unterdrückung in Lateinamerika gutheißen und hinnehmen kann. Das Problem, um das es mir vornehmlich geht, sind die wirtschaftlichen Vorstellungen, wie sie innerhalb der Theologie der Befreiung vertreten werden, also die sogenannte Dependenztheorie. Diese Theorie lautet knapp formuliert: Die Industrieländer halten die Entwicklungsländer in wirtschaftlicher, politischer, kultureller und kirchlicher Abhängigkeit (dependencia). Sie beuten sie aus. Es ist dies das Zentrum-Peripherie-Schema. Alle bisher gebräuchlichen Entwicklungsmodelle haben nur eine Alibifunktion. Sie dienen dazu, diese Ausbeutung, Dependenz zu verschleiern.

Der mit der Diskussionslage Vertraute weiß, daß dies die sogenannte marxistische Imperialismustheorie ist.[1] Einen wissenschaftlichen, sprachlichen Konsens gibt es freilich weder über Imperialismus noch über Dependenz. Imperialismus ist seit dem 19. Jahrhundert ein Schlagwort der Parteienpolitik. Heute ist es ein politisches Schimpfwort. Seine Synonyme sind: Kolonialismus, Kapitalismus, Militarismus, Faschismus, Ausbeutung. Der

Begriff Imperialismus war im 19. Jahrhundert ursprünglich zunächst positiv besetzt. Er war ein Propagandawort für den Bonapartismus von Louis Napoleon (III.) (1851) und das Programm derer, die in England eine Ausdehnung des Empire forderten. Imperialismus ist die überseeische Expansionsbewegung der westlichen Industriestaaten im letzten Drittel des 19. Jahrhunderts. Daß es das gegeben hat und daß Lateinamerika davon, teils direkt, teils indirekt betroffen war, ist historisch nicht zu bestreiten.

Imperialismustheorien erklären nun die politische und wirtschaftliche Expansion mit Hilfe des Interessengesichtspunktes. Der englische Nationalökonom und Journalist John Atkinson Hobson, der Kriegsberichterstatter im Burenkrieg (1899 bis 1902) war, stieß dort auf das Phänomen der imperialistischen Politik und erklärte das Engagement Englands in Südafrika, obwohl es dadurch in schwere innenpolitische und internationale Konflikte gestürzt wurde, aus wirtschaftlichen Überlegungen. Eine Absatzkrise des Industriekapitalismus und die daraus drohenden sozialen Spannungen infolge ökonomischer und sozialpsychologischer Depression führten nach 1873 und 1883 zur außereuropäischen Expansion als einer Form des Krisenmanagements. Das ist bis heute der Kern der Imperialismusdeutung. Sie wurde zwar um Details angereichert, ist aber in ihrem Grundansatz unverändert. Deutsche Sozialisten, etwa Karl Kautsky, Rosa Luxemburg, Rudolf Hilferding sahen ebenfalls einen unlösbaren Zusammenhang zwischen Kapitalakkumulation des Finanzkapitals und der Entstehung des Imperialismus. Von ihnen übernahm Lenin die Theorie in seiner 1916 in der Schweiz verfaßten, 1917 in Petrograd veröffentlichten Schrift „Der Imperialismus als höchstes Stadium des Kapitalismus". Über Hobson und Hilferding hinaus finden sich bei Lenin keine neuen Gedanken. Er schärfte die These nur zur einprägsamen ideologischen Formel zu.

Die Imperialismusthese ist heute ein Kampfinstrument weltpolitischer Revolutionspropaganda. Was folgt daraus? Habe ich damit den Kern der Dependenztheorie bloßgelegt, indem ich sie auf die als wissenschaftlich unhaltbare, weil zu undifferenzierte und auf geschichtliche Perioden und Phasen fixierte Revolutionstheorie marxistischer Politökonomie zurückgeführt habe? Ich denke, daß ich es mir mit einer solchen bloß ideologischen Entschleierung oder Entlarvung zu einfach machen würde. Denn die marxistische Interpretation ist zwar unzureichend, ideologisch verkürzt und politisch instrumentalisiert; damit sind aber die realen ökonomischen und sozialen Probleme nicht wegdefiniert und beseitigt. Unzureichend ist die Imperialismusthese, auch die Dependenzthese, insofern sie alles auf wirtschaftliche Interessen zurückführt. Der Nationalismus in Europa im 19. Jahrhundert und in Entwicklungsländern im 20. Jahrhundert, seit Wilson am Ende des Ersten Weltkriegs das Selbstbestimmungsrecht der Völker proklamiert hatte, ist nicht einfach ökonomisch erklärbar. Die außenpolitische Machtrivalität ist ein eigener geschichtlicher Faktor der Kolonialpolitik gewesen und auch nach wie vor für die Entwicklungspolitik relevant. Dazu kommen bis heute innenpolitische Motive hinzu, etwa der Aufstieg neuer Führungsschichten, soziologische und wertmäßige Umschichtungen, Veränderungen in Berufswelt und gesellschaftlichem Status. Kurzum: Die einfach monokausale Dependenztheorie und die Komplexität der Wirklichkeit decken sich nicht. Aber damit ist, wie gesagt, die Herausforderung durch die „Theologie der Befreiung“ und deren Berufung auf die Dependenztheorie keineswegs beseitigt. Will man sich die Auseinandersetzungen, auch mit deren wirtschaftlichen und sozialen Erklärungen der wirtschaftlichen Not, nicht unzulässig vereinfachen, dann muß man sich zunächst noch einmal einige prinzipielle Gesichtspunkte vergegenwärtigen. Ich rede zunächst allgemein von Schwierigkeiten bei einer Diskussion der Theologie der Befreiung, dann von positiven Gesichtspunkten, ehe ich zum eigentlichen Thema „Wirtschaftliche Abhängigkeit“ zurückkehre.

Schwierigkeiten

Wenn man die Theologie der Befreiung tatsächlich als „Herausforderung“ und nicht als Zerrbild betrachten will, muß man sich einige Schwierigkeiten in der Diskussion dieser Theologie und im Umgang mit ihr verdeutlichen.

1. Die Theologie der Befreiung ist eine sogenannte kontextuelle Theologie. Ihr Entstehungsort ist Lateinamerika. Sie ist nach der

Ansicht mancher ökumenisch orientierter Theologen die erste größere moderne theologische Bewegung, die außerhalb Europas entstanden ist. Ihre Entstehung hängt zusammen mit dem Aufbruch, den das II. Vatikanische Konzil in der katholischen Kirche ausgelöst hat. In der zweiten Generalkonferenz des lateinamerikanischen Episkopats in Medellin 1968 traten erstmals die Grundideen der Theologie der Befreiung zutage. Im Dokument der Lateinamerikanischen Bischofskonferenz in Medellin „Frieden" findet sich im Abschnitt „Die lateinamerikanische Situation und der Frieden" die Dependenztheorie zur Beschreibung der lateinamerikanischen „Situation der Ungerechtigkeit".[2] Voraus ging die Entwicklungsenzyklika Papst Paul VI. „Populorum progressio" (1967) mit der Formel „Entwicklung sei der neue Name für Friede". Vergleichbar dem Aufbruch der Theologie der Befreiung ist die Schwarze Theologie oder auch bestimmte Formen der asiatischen Theologie. Es geht dabei zunächst um Befreiung, Emanzipation von der europäischen Theologie und deren Universalitätsanspruch. Befreiung heißt selbständig werden, independent, sich aus Bevormundung lösen und auf die eigene Situation eingehen.

Je nachdem, wie man die Kontextualität von Theologie überhaupt beurteilt und bewertet, wird man folglich auch zur Theologie der Befreiung Stellung nehmen. Sie ist zunächst einmal Theologie im lateinamerikanischen Kontext. Dies wird hierzulande gelegentlich nicht zureichend bedacht, weder von manchen Kritikern der Theologie der Befreiung noch von deren glühenden Anhängern mit ihrer Revolutionsromantik. Inwieweit Theologie der Befreiung für unseren Kontext, unsere westeuropäische Situation ein Modell sein kann, ist höchst umstritten und offen. Da ich selbst auf Grund meiner geschichtlichen Kenntnisse Theologie im Kontext, an ihrem historischen Ort zu verstehen gelernt habe, kann ich nicht a priori gegen eine kontextuelle Theologie sein. Man muß sie vielmehr jeweils in ihren konkreten Einzelheiten diskutieren. Historisch gesehen hat nämlich immerhin das Heraustreten des christlichen Glaubens aus der aramäisch sprechenden Urgemeinde in die griechische Welt, dann der Übergang ins lateinische Rom, nach Norden in der Germanenmission oder nach Osten zu den Slawen auch Theologie und Lebensweise kontextuell geformt. Europäer sollten nicht die eigene Geschichte vergessen und den Lateinamerikanern das Recht auf eine authentische Theologie abstreiten.

2. In der Überschrift ist zutreffend im Plural von „Theologien der Befreiung“ die Rede. Die Theologie der Befreiung in der Einzahl gibt es nicht. Reinhard Frieling spricht zutreffend von „Befreiungstheologien“. Die Spannweite ist außerordentlich groß. Rein politische Aktionsgruppen, Propagandisten, sogenannte christliche Marxisten, wie Vertreter einer Evangelisation des Volkes, nennen sich selbst Theologen der Befreiung. Bei dem Priestermangel in Lateinamerika und der mangelnden Bildung der Massen geht es oft vor allem um Volkspastoral, befreiende Katechese. Frieling unterscheidet „sozial-populistische“[3], das heißt nationalistische, „marxistische“[4], „evangelisatorische“[5] Befreiungstheologien. Innerhalb dieser Einteilung gibt es außerdem nochmals wesentliche Unterschiede. Befreiungstheologie bezeichnet also lediglich eine Tendenz, nicht eine feste Theorie. Sie ist jedenfalls ein schillernder Begriff, der freilich ein faszinierendes Thema der Theologie neu entdeckt hat: Befreiung. Auch kann man fragen, ob sie nicht als Theologie im Sinne von Theorie überbeansprucht ist. Ist sie nicht eher eine gläubige Lebenspraxis? Die Frage, ob die Theologie der Befreiung Theologie, Theorie in unserem europäischen Sinne, ob sie nicht religiöse Praxis oder ob sie vielleicht nur ein theologischer Überbau, eine Ideologie ist, wäre genauer und bezogen auf einzelne Vertreter weiterzuverfolgen. Aber wenn die „Theologie der Befreiung“ nichts anderes als Ideologie wäre, wie könnte sich dann noch jede Theologie überhaupt von Ideologie unterscheiden?

3. Aus diesem Grund ist ausdrücklich davor zu warnen, die Theologie der Befreiung am Ende auf ihre wirtschaftlichen Vorstellungen zu reduzieren. Damit würde man doch nur dem vulgärmarxistischen Verständnis von Religion als Überbau recht geben. Mag es auch einzelne Interpreten der Theologie der Befreiung geben, die theologische Aussagen nur als religiöse Verpackung für das ungebildete Volk benutzen, man sollte dennoch die Theologie der Befreiung nach ihren theologischen Grundlagen befragen. Das heißt für einen evangelischen Theologen: Wie fundiert, be-

gründet ist die Theologie der Befreiung in der Schrift und in der Heilsbotschaft von Jesus Christus im Evangelium? Man mag dann allenfalls betonen, daß der Analyse und Deutung des Kontextes, der Situationsanalyse nicht dasselbe Gewicht, der gleiche Stellenwert, dieselbe Dignität beigemessen werden darf wie dem Glaubenszeugnis. Eine Verwechslung des Evangeliums, des Rufes zum Glauben mit der Anerkennung bestimmter Gesellschaftsdeutungen würde in der Tat zur Ideologisierung von Theologie führen. Die Interpretation wirtschaftlicher Abhängigkeit und damit der methodische Zugang seitens einer evangelischen Sozialethik ist insofern gerade ein theologisches Thema. Welchen Zugang hat evangelische Sozialethik zu wirtschaftlichen Fragestellungen: Kann sie aus theologischen Grundsätzen oder aus Bibelworten konkrete wirtschaftliche Forderungen herleiten oder benötigt sie für solche Forderungen im Einzelfall die Sachargumente, die Plausibilität? Die Fachsprache spricht hier von der hermeneutischen Aufgabe, der Verstehensaufgabe, der Frage, wie Schriftzeugnis und Lebenswirklichkeit, biblische Botschaft und Wirtschaft aufeinander zu beziehen sind.

4. Ein wesentlicher Sachverhalt wäre aber nur verkürzt gesehen, würde man den konfessionellen Aspekt ausblenden. Die überwiegende Mehrzahl der Theologen der Befreiung sind Katholiken. Lateinamerika ist ein katholischer Kontinent. Der Streit um die Theologie der Befreiung ist zunächst einmal ein Konflikt innerhalb der katholischen Kirche. Die protestantischen Kirchen in Lateinamerika haben sich, in ihren offiziellen Gremien, anders als die katholische Kirche, gegenüber der Theologie der Befreiung während der siebziger Jahre eindeutig distanziert und zurückhaltend, zum Teil direkt ablehnend verhalten. Joseph Kardinal Ratzinger vertritt das Lehramt, Leonardo Boff die Freiheit, die Autonomie der theologischen Forschung und Lehre. Die Spannung zwischen kirchlichem Lehramt und wissenschaftlicher Theologie stellt sich für einen evangelischen Theologen grundsätzlich anders als für einen Katholiken. Im Verständnis von Kirche, Hierarchie, Amt, Lehramt und dessen Autorität bestehen nach wie vor konfessionelle Differenzen. Der Konflikt mit und um Boff spitzte sich dann auch theologisch auf das Amts- und Kirchenverständnis zu. Es läge für einen evangelischen Betrachter, der von der

Reformation Martin Luthers geprägt ist, nahe, in diesem Konflikt sofort auf die Seite von Boff zu treten. Nur: So einfach liegen die Dinge nicht. In der Auseinandersetzung um das Kirchenverständnis kann ein evangelischer Theologe nun einmal gerade nicht die Position des kirchlichen Lehramtes vertreten. Aber er kann sich eben auch nicht einfach mit Boff solidarisieren. Denn im Heilsverständnis, in der Rede von einem „integralen Heil"[6] stehen auch die Befreiungstheologen für die evangelische Sicht in einer katholischen Tradition. Das Verhältnis von Glaube und Werken oder, modern formuliert, von Theologie, kirchlichem Auftrag und politischem Handeln im Blick auf die Vermittlung des Heils sollte auch in konfessioneller Hinsicht bedacht werden. Evangelische Theologie könnte auf Grund ihrer reformatorischen Überlieferung schwerlich so einfach Heil und Erlösung mit Befreiung wiedergeben. Nicht gegen die Theologie der Befreiung richtet sich dann der Vorbehalt, sondern gegen die Gleichsetzung der Befreiung mit der Theologie des Heils und der Erlösung. Gegen diese Gleichsetzung spricht einmal das reformatorische Verständnis von Rechtfertigung allein aus Gnaden (sola gratia) und zum anderen die daraus folgende Notwendigkeit, im Befreiungsbegriff zwischen dem „Frei aus Glauben und im Glauben" und einer politisch-sozialen Befreiung zu unterscheiden. In der Sozialethik wird es vor allem um die politisch-soziale Befreiung gehen. Gerade hier kann aber die theologische Argumentation nur ein Faden im Gewebe sein.

5. Allerdings hat evangelische Sozialethik gerade auf dem Gebiet der Wirtschaftsethik einen blinden Fleck. Auf der einen Seite sind die Wirtschaftswissenschaften immer abstrakter geworden. Mathematische Modelle orientieren sich an einer Optimierung wirtschaftlichen Handelns. Die Mathematisierung der Wirtschaftswissenschaft hat darüber vielfach das wirtschaftliche Subjekt, den Menschen, aus dem Auge verloren oder ausgeklammert. Damit wird freilich verkannt, daß hinter jeder wirtschaftspolitischen Option eine Grundsicht des Menschen, eine Anthropologie steht. Ohne Beachtung der hinter bestimmten ökonomischen Konzepten stehenden Auffassung vom Menschen kann es keine Wirtschaftsethik geben. Die Mißachtung des aktiv wirtschaftenden oder von wirtschaftlichen Vorgängen

betroffenen Menschen wird à la longue der Wirtschaft selbst schaden. Insofern ist auch die Theologie oder vielleicht vorsichtiger: die religiöse Einstellung für die Deutung von Wirtschaft zu bedenken. Ich erinnere nur an Max Webers Kapitalismusthese.

Aber nicht nur die Wirtschaftswissenschaft leidet an einem Defizit an Wirtschaftsethik. Auf der anderen Seite haben auch Theologie und Kirche das Gespräch mit der Wirtschaft lange Zeit versäumt. Das hat unterschiedliche Ursachen. Es gibt seit Ende der zwanziger Jahre keine evangelische Wirtschaftsethik. Arthur Rich hat erst jetzt wieder in Gestalt einer allgemeinen Grundlegung von Sozialethik eine „Wirtschaftsethik" (1984) veröffentlicht. Die Ablehnung der Anthropologie seitens der Dialektischen Theologie zerstörte die Gesprächsbasis zwischen Theologie und Ökonomie. Die Folge war: Entweder hielt man wirtschaftliches Geschehen für eigengesetzlich, theologisch irrelevant; aber dies erwies sich als Irrtum. Oder man wandte sich dann sehr einfachen Deutungen wirtschaftlichen Geschehens, wie marxistischer Kapitalismuskritik, sozialen Utopien oder moralischen, vielleicht gar revolutionären Postulaten zu. Die Theologie der Befreiung mit ihrer Dependenztheorie ist auch eine Reaktion auf ein wirtschaftliches Defizit in Europa. Sie ist in diesem Sinn eine Herausforderung an unsere Sozialethik.

6. Kurz erwähnen will ich wenigstens noch zwei Gesichtspunkte. Zunächst einmal zieht die Theologie der Befreiung heute die Aufmerksamkeit aus politischen Gründen auf sich. Es genügt hier, auf Nicaragua oder Kuba zu verweisen. Daß die Theologie der Befreiung damit in den politischen Meinungsstreit gerät, ist evident. Das ist auch nicht zu ändern. Man muß nur sehen, beachten, daß in Auseinandersetzungen um die Macht theologische und ethische Argumente und Thesen häufig verzerrt werden. Es gilt darum, diese politischen Implikationen wahrzunehmen. Durch die weltpolitische Lage wird hier manches zusätzlich verzerrt. In Lateinamerika gibt es nicht nur in verschiedenen Ländern recht unterschiedliche Kontexte. Es überlagert dort auch den Nord-Süd-Konflikt zusätzlich der West-Ost-Konflikt. Man muß die Schwierigkeit der Konstellation sehen, wenn man die Frage nach

dem Marxismus in der Theologie der Befreiung aufwirft. Natürlich gibt es marxistische Überlegungen bei Theologen der Befreiung. Aber daraus ist diese letztlich nicht herzuleiten.

7. Und schließlich: Es schimmerte bereits immer wieder durch, warum die Theologie der Befreiung auch uns angeht. Sie stellt unsere Vorstellungen von Marktwirtschaft, Entwicklungshilfe, Weltentwicklung auf den Prüfstand. Der wirtschaftlichen Herausforderung durch sie haben wir zu antworten, indem wir nach Alternativen suchen. Das heißt: Die Theologie der Befreiung ist eine Frage an uns. Sie ist weder unsere Antwort, noch kann man ihr begegnen, indem man ihre Frage als Anfrage überhört und die Antwort verweigert.

Soviel zu den Schwierigkeiten bei der Beurteilung der Theologie der Befreiung, die uns zu einem differenzierten Umgang mit ihr veranlassen sollten.

Vorzüge der „Theologie der Befreiung"

1. Die „Theologie der Befreiung" geht aus von der Perspektive der Betroffenen. Es ist dies die Betroffenheit eines Engagements. Man spricht hier beispielsweise von einer „Option für die Armen". Das gibt ihr, verglichen mit einer distanziert objektiven, unbetroffenen Theorie und Theologie einen Vorsprung an Überzeugungskraft. Solche Betroffenheit von Unfreiheit, Ungerechtigkeit und Unterdrückung ist auch nicht einfach durch eine neutrale Sicht der Situation zu widerlegen. Vielmehr geht es darum, die Betroffenheit, das Engagement ernst zu nehmen, freilich zugleich darauf zu verweisen, daß Betroffenheit allein eben nicht ausreicht. Evangelische Sozialethik wird hier auf das Erfordernis der Sachlichkeit, der Sachgemäßheit als ethisches Prinzip hinweisen.

2. Eine andere Stärke der Theologie der Befreiung ist deren Verankerung in der Praxis. Man spricht hier von Glaubensorthopraxis, kann erklären, das Kriterium der Wahrheit einer Theologie sei deren Praxis. Diese Bestimmung des Verhältnisses von Theorie und Praxis ist jedoch zugleich das Einfallstor für den Marxismus

etwa über die Brücke der 11. Feuerbachthese von Karl Marx. „Die Philosophen haben die Welt nur verschieden interpretiert, es kömmt aber darauf an, sie zu verändern." Es ist hier nicht der Ort, das Theorie-Praxis-Problem umfassend zu erörtern. Theologen der Befreiung beanspruchen für sich eine neue Epistemologie, ein neues Wirklichkeitsverständnis. Der Glaube (fides) erschließt in befreiender Praxis (caritas politica) ein neues Wirklichkeits- und Geschichtsverständnis. Wiederum ist dieser Praxisbezug zunächst in seiner Stärke ernst zu nehmen, ehe man die unverkennbare Einseitigkeit eines Theorieverständnisses kritisch anspricht, das allein am Kriterium der Praxis sich orientiert, damit dann doch letztlich Praxis unbegriffen, unverstanden läßt und im äußersten Fall bei der rein pragmatischen Wertung nach Maßstäben politischen Nutzens, parteilicher Brauchbarkeit endet.

3. Vom Anspruch auf Ganzheitlichkeit, der Einheit von Glaube und politischer Existenz, von Heil und politisch-sozialer Befreiung war im Zusammenhang des „integralen Heils" bereits die Rede. Diese Forderung nach Ganzheitlichkeit schließt die materielle Wirklichkeit in das Glaubensverständnis ein. Wiederum ist die Stärke dieser Sicht wahrzunehmen, etwa in ihrer Abkehr von einem esoterischen Verständnis von Glaube und Theologie. Solcher Esoterismus beschränkt und verkürzt Glaube und Theologie auf Innerlichkeit, Privatbereich und spiritualisiert den Gottesglauben. Gott ist freilich nach christlichem Bekenntnis Herr der Welt. Gegen bestimmte Thesen der Theologie der Befreiung ist freilich wiederum kritisch zu fragen, in welcher Weise Gott der Herr der Welt ist, ob also das Bekenntnis zur Herrschaft Gottes die Ineinssetzung von Heil als Gabe Gottes, Verheißung mit irdisch-politischen Verwirklichungen, Realisationen von politischen Aufgaben begründet und fordert. Die Forderung nach Ganzheitlichkeit schließt nicht aus, unterschiedliche Beziehungen auch zu unterscheiden. Allerdings: ich spreche von „unterscheiden", nicht von trennen, und das heißt dann eben, daß ökonomische Sachverhalte und theologische Deutung nicht völlig voneinander zu trennen sind.

4. Die Theologie der Befreiung versteht Befreiung nicht nur wie die theologische Überlieferung schon immer als Befreiung von

der Sünde, als Heilsgeschehen, Sündenvergebung, Erlösung. Es geht folglich nicht nur um die Befreiung des Gewissens. Ein theologischer Personalismus sieht Befreiung durch Jesus Christus so: Das Gewissen wird frei; der Mensch wird gerecht vor Gott. Die Theologie der Befreiung greift darüber hinaus nach einer politischen Befreiung. Sie erhebt den Anspruch, von ungerechten Strukturen zu befreien. Es kehrt in ihr die alte Streitfrage wieder, ob Theologie und Glaube nur Gesinnungsreform oder auch Ständereform zu verkünden und bewirken habe, ob es um Bekehrung von Herzen oder um Änderung von Strukturen gehe. In der evangelischen Sozialethik besteht heute weitgehend Konsens darüber, daß dies keine echte Alternative ist. Die Frage ist hier nicht: Entweder Bekehrung der Person oder Veränderung von Strukturen, sondern wie beides jeweils sachgerecht und das heißt eben auch unterschiedlich wahrgenommen werden kann. Vermeidet man diese schiefe Alternative, so müßten auch Theologie der Befreiung und Soziallehre keinen absoluten Gegensatz bilden, ohne freilich dasselbe zu werden. Sie könnten sich ergänzen und korrigieren.

5. Schließlich wiederhole ich, daß ich eine Stärke der Theologie der Befreiung gerade darin sehe, die Ökonomie nicht von der Theologie zu trennen. Anders gesagt – und hier freilich erfolgt der Übergang von der positiven Würdigung des Anliegens der Theologie der Befreiung zur kritischen Anfrage der Durchführung dieses Ansatzes: Nicht das Daß der Einbeziehung wirtschaftlicher Überlegungen in diese Theologie, sondern das Wie dieser Einbeziehung fordert zur entschiedenen Kritik heraus.

Kritische Einwände

Kritische Einwände zur Deutung *wirtschaftlicher Abhängigkeit* in der *Theologie der Befreiung*. Ich komme jetzt endlich wieder auf die schon erwähnte Dependenztheorie zurück. Die Fragen, die sich hier stellen, sind: a) Stimmt die Diagnose? b) Hilft der Therapievorschlag? c) Was wäre die Alternative? Die Dependenztheorie ist im übrigen keine Eigentümlichkeit der Theologie der Befreiung. Sie wird im Ökumenischen Rat der Kirche vielfach vertreten. Der Lutherische Weltbund (LWB) hat sie sich beispielsweise unter dem Stichwort „root causes of social and economic injustice“ zu eigen gemacht, ja geradezu kanonisiert. Die „Hauptursachen“ wurden in einem Bild dargestellt. Das Symbol des Baumes veranschaulicht es so: Die Wurzeln des Baumes bilden die Sünde; der Stamm, der aus den Wurzeln hervorgeht, trägt den Namen Kapitalismus; die Baumkrone entfaltet sich in den Ästen der dependencia. So einprägsam das Bild ist, ebenso verführerisch und irreführend wirkt es. Gewiß will der LWB über eine rein karitative und diakonische Sicht der Entwicklungsprobleme hinauskommen, um dem Vorwurf zu entgehen, nur an Symptomen herumzukurieren, aber nicht die „Grundursachen“ der Unterentwicklung zu erkennen. Zur Erklärung der Grundursachen wird die Dependenztheorie deswegen für besonders erklärungskräftig gehalten. Das geht so weit, daß man gelegentlich den Eindruck gewinnt, die Zustimmung zur Abhängigkeitstheorie sei ein Ausweis christlicher Glaubenstreue. Eine solche Verkoppelung von Glaubenstreue und Annahme einer ökonomischen Theorie macht freilich die kritische Auseinandersetzung mit ihr faktisch unmöglich. Die Theologie dient dann der Immunisierung gegen kritische Einwände. Solche kritischen Einwände gegen diese Theorie können einer differenzierten Sicht geschichtlicher Abläufe entspringen. Man kann dynamische Abläufe wie den Kolonialismus, dessen Unmenschlichkeit mitnichten übersehen und geleugnet werden soll, eben nicht ohne Beachtung der vorkolonialen Geschichte dieser Länder und nicht ohne Berücksichtigung der technischen, ökonomischen und politischen Neuerungen, die etwa den wirtschaftlichen Aufschwung Englands schufen, erklären. Dies ist keine bloß historische Frage. Denn eine allzu einfache Abhängigkeitstheorie verstellt den Blick für Änderungen in der „Zentrum-Peripherie-Struktur“. Wieso konnten etwa Südkorea oder Taiwan wirtschaftliche Erfolge erzielen, andere vergleichbare Länder nicht? Ist dies nur aus der Wirkungsweise „weltweiter Ausbeutungsmechanismen“ zu erklären? Welche Bedeutung haben die internen Wirkungskräfte eines Landes, eben nicht nur Bodenschätze und Ressourcen, sondern auch Mentalität, Arbeitseifer der Bevölkerung, unternehmerische Phantasie? Die Dependenztheorie wird zu Tode geritten, wenn man alles externen Faktoren anlastet. Interne Faktoren sind genauso wichtig. Politische Freiheit ist beispielsweise Voraussetzung wirtschaftlicher Entwicklung und Stabilität. Armut hingegen schafft wirtschaftliche Unsicherheit. Gerade deutsche Erfahrungen sind hier bedeutsam. Die Idee der Sozialen Marktwirtschaft entstand im Widerspruch gegen die Lenkungswirtschaft der Diktatur Hitlers.

Die Denkschrift des Freiburger Bonhoeffer-Kreises, „In der Stunde Null", 1979, hat sehr deutlich herausgearbeitet, daß marktwirtschaftliche Ordnung kulturelle, ethische und soziale Voraussetzungen erfordert. Sie forderte eben nicht Einzelmaßnahmen, sondern eine „planmäßige, durchdachte, staatliche Wirtschaftsordnung".[7] Wenn der Staat nicht eine rechtsstaatliche Ordnung, ein soziales Minimum und den wirtschaftlichen Wettbewerb sichert, kann eine Marktwirtschaft nicht funktionieren. „Die wichtigste Aufgabe der staatlichen Wirtschaftspolitik . . . ist unter den modernen, durch weitgehende Arbeitsteilung gekennzeichneten Verhältnissen die planmäßige Sicherung einer Gesamtordnung des Wirtschaftslebens. Ohne eine sachgemäße Gesamtordnung ist kein befriedigender Erfolg des Wirtschaftens möglich."[8]

Die Soziale Marktwirtschaft ist geschichtlich bedingt; sie ist ihrerseits kontextuell. Allerdings steht hinter ihr eine ordnungspolitische Grundfrage: Soll die Wirtschaft marktwirtschaftlichen Prinzipien folgen oder zentralwirtschaftlicher Lenkung unterstehen? Die Dependenztheorie optiert weithin für das planwirtschaftliche System, ohne zu fragen, ob dieses überhaupt mit dem Streben nach Unabhängigkeit, Independenz vereinbar ist. Sie ist dabei für ordnungspolitische Fragen blind, obwohl oder weil sie auf Strukturen so betont achtet. Ihr zentraler Einwand gegen die marktwirtschaftlichen Prinzipien ist der Verweis auf das Ergebnis. Die Beseitigung des Marktmechanismus wird gefordert, weil er zu Ungerechtigkeit führe und die Regulation über den Preis mißlungen sei. Dabei sieht man jedoch nur auf die Verteilungsfunktion der Preise, beachtet aber nicht deren Signalfunktion. Preise sind auch Zeichen für den Knappheitsgrad. Sinkende Preise, „ungerechte terms of trade" sind nicht einfach Mittel der Ausbeutung, sondern zugleich Indikatoren für veränderte Knappheitsgrade. Wiederum dient eine einseitige Sicht des Preismechanismus nur dazu, die Ursachen für wirtschaftliche Probleme ausschließlich bei der Struktur der Weltwirtschaft, nicht aber in binnenwirtschaftlichen Fehlern zu suchen. Kurzum: Die Ablehnung der marktwirtschaftlichen Ordnung als Kapitalismus unter Verweis auf deren ungerechte Ergebnisse nötigt zur Frage, ob diese Folgen auf Strukturfehlern oder auf Bedienungsfehlern beruhen.

Mit dieser Frage ist zugleich die These aufgestellt, daß die derzeitige Form internationaler Wirtschaftsbeziehungen eindeutig verbesserungsbedürftig ist. Anders als manche Interpretationen von wirtschaftlicher Abhängigkeit ist die Problemlösung aber nicht von der Abschaffung der Marktwirtschaft, von der Beseitigung des Kapitalismus zu erwarten. An die Stelle einer globalen und pauschalen Kapitalismuskritik tritt damit freilich ein Bündel von Einzelüberlegungen, wie Soziale Marktwirtschaft und Weltwirtschaftsordnung, Entwicklung der abhängigen Länder vereinbar sein könnten. Um es in einer Zwischenbilanz klar zu sagen: Die Abhängigkeitstheorie, wie sie für viele Theologien der Befreiung integraler Bestandteil ist, ist in der Diagnose unzureichend und im Therapievorschlag nicht sinnvoll.

Es geht also jetzt um Alternativen, wobei die Alternative zum Teil gerade in einem Mehr an Marktwirtschaft besteht. Man kann nicht den marktwirtschaftlichen Wettbewerb preisen und sich zugleich durch Importhindernisse gegen die Konkurrenz aus Entwicklungsländern abschotten. Es gibt bis heute noch keine Soziale Marktwirtschaft auf Weltebene. Es mangelt sowohl an internationaler Wettbewerbsgerechtigkeit wie an einer Politik des internationalen sozialen Ausgleichs, an Verteilungsgerechtigkeit.

Die Alternative zur Dependenztheorie ist also keineswegs die Hinnahme des derzeitigen ethisch nicht vertretbaren Zustandes der Weltwirtschaft. Ich habe als Theologe weder die Kompetenz, diese Alternative konkret zu entfalten, noch die Zeit, es zu tun. Immerhin ein paar Andeutungen will ich versuchen, damit es nicht bei bloßer theoretischer Behauptung bleibt. Man muß sich klar darüber sein, daß sowohl von der Theologie der Befreiung als auch innerhalb der ökumenischen Bewegung in Frage gestellt wird, ob marktwirtschaftliche Ordnungsprinzipien den Nord-Süd-Konflikt verschärfen oder entschärfen. Die Dependenztheorie hält eine auf Eigennutz der Industrieländer gegründete wirtschaftliche Ordnung für schuldig an der Not der Welt. Das kann sich zuspitzen bis zum Vorwurf, eine auf Marktautomatismen aufbauende Wirtschaftsordnung, der Kapitalismus, sei sowohl unmenschlich wie unchristlich, antichristlich.

Zweierlei hat sich gezeigt. Einmal: Die sozialen und ökonomischen Probleme in Entwicklungsländern lassen sich nicht karitativ beheben. Es bedarf struktureller Maßnahmen. Zum anderen: Der ursprünglich erhoffte Durchsickereffekt von oben nach unten ist nicht eingetreten. Die Volksmassen bleiben arm und verelenden, auch dann, wenn eine wohlhabende Schicht entsteht. Auf diese Erfahrungen berufen sich die Theologie der Armen und die Forderung nach einer Kirche der Armen. Aber nur wenn eine gesunde Mittelschicht eine Polarisierung in sehr arme und sehr reiche Schichten verhindert, also das Entstehen von zwei Klassen, von ganz Armen, Proletariern und ganz Reichen, Ausbeutern, kann hier eine Veränderung erhofft werden. Die Unterstützung von Bildungsmaßnahmen und Selbsthilfebewegungen durch die Kirchen ist somit sinnvoll.

Die eigentlichen Schwierigkeiten in der Diskussion um die Entwicklungspolitik zwischen Kirche und Wirtschaft zeigen sich an einigen Punkten ganz deutlich.

Die Frage, wie den 900 Millionen Menschen, die in absoluter Armut leben und sich nicht an der Marktwirtschaft beteiligen können, zu helfen ist, spielt für die Kirchen eine größere Rolle, als die Wirtschaft vielfach annimmt. Man mag diese Marginalisierten in der Wirtschaft übersehen; für die Kirchen sind sie der Testfall für die humane Verträglichkeit der Marktwirtschaft.

Die Diskussion zwischen Kirche und Wirtschaft wird immer wieder dadurch erschwert, daß man sich auf ein idealtypisches Bild von Marktwirtschaft beruft. Dabei wird von nicht vorhandenen Rahmenbedingungen für eine marktwirtschaftliche Ordnung in Entwicklungsländern abstrahiert, wie mangelndes Bildungsniveau, fehlende Rechtssicherheit, soziale Defizite. Die Alternative lautet jedoch in Entwicklungsländern eben nicht: Marktwirtschaft oder Planwirtschaft, sondern unvollständiger Markt oder durch Korruption und mangelnde Effizienz bestimmte Planwirtschaft. Dabei ist meines Erachtens Marktwirtschaft entgegen manchen Stimmen sehr wohl mit ökumenischen Vorstellungen von einer menschenwürdigen Gesellschaft vereinbar.

Als Leitbild ökumenischer Sozialethik war in Amsterdam 1948 formuliert die „verantwortliche Gesellschaft". Die Erfahrungen mit der Industriegesellschaft und in den Entwicklungsländern haben in den siebziger Jahren dazu geführt, dieses Leitbild zu erweitern zu einer „just, participatory and sustainable society", einer gerechten, partizipatorischen und ökologisch überlebensfähigen Gesellschaft. Die Idee einer Sozialen Marktwirtschaft ist gewiß nicht mit diesem Leitbild identisch. Aber sie enthält diejenige Ordnungsvorstellung, welche dieses Leitbild am ehesten realisieren kann. Denn die Soziale Marktwirtschaft ist relativ offen für eine Beteiligung aller Wirtschaftsbürger (participatory). Sie ist verhältnismäßig anpassungsfähig und kann sich rasch auf veränderte rohstoff- und umweltpolitische Gegebenheiten einstellen (sustainable). Als Soziale Marktwirtschaft kann sie auch soziale Mißstände korrigieren, ist also relativ gerecht (just). Die Vorstellungen einer „just, participatory and sustainable society" sind also mit ihr kompatibel, vereinbar. Auch ist die Soziale Marktwirtschaft sowohl reformfähig als auch reformwürdig. Besonders die Rahmenbedingungen sind immer wieder auf ihre Vertretbarkeit hin zu befragen. Dabei ist zu achten auf das Wirtschafts- und Arbeitsrecht, die Währungsordnung, die Verhinderung von Marktmacht durch Kartellbildung und die Umweltverträglichkeit. Denn wenn diese Rahmenbedingungen nicht stimmen, wird der Markt eine Fülle sozial und human nicht erträglicher Ergebnisse hervorbringen. Solche Ergebnisse können dann den Staat wiederum zu Interventionen zwingen, die dann die marktwirtschaftliche Ordnung aufheben.

Es seien hier nur die besonders im Vordergrund stehenden Probleme aufgezählt.

1. Bevölkerungswachstum und Arbeitsmarkt bilden einen engen Zusammenhang. Ohne die bevölkerungspolitischen Probleme

anzugehen, lassen sich weder die Probleme der Arbeitslosigkeit, der Beschäftigungspolitik noch die der Verelendung, des Absinkens des Existenzminimums lösen.

2. Zwischen wirtschaftlichem Wachstum und sozialer Gerechtigkeit können Zielkonflikte entstehen, wenn vorrangig eine Wachstumspolitik betrieben wird, die wirtschaftlichen Gewinn bringt, während die soziale Korrektur gesellschaftlich unerwünschter Marktergebnisse zeitlich, vielleicht sogar längerfristig zurückgestellt wird. Man kann hier nicht zurückstellen und auf spätere Tage vertrösten und vertagen. Sozialethik wird dagegen mit Nachdruck die Gleichzeitigkeit von wirtschaftlichem Wachstum und sozialer Gerechtigkeit verlangen müssen.

3. Ein besonderes Problem stellt die durch das Weltwährungssystem ausgelöste Verschuldungskrise abhängiger Länder dar. Devisenknappheit, Zahlungsverpflichtungen an ausländische Schuldner, mangelnde Exporterlöse und fehlende binnenwirtschaftliche Diversifizierungsmöglichkeiten führen zur Verelendung und zu schweren sozialen, wirtschaftlichen und politischen Störungen und Krisen. Länder mit Monostrukturen sind dabei in besonderer weltwirtschaftlicher Abhängigkeit. Die Frage einer möglichst weitgehenden Selbstversorgung in der Ernährung und der Begrenzung weltwirtschaftlicher Arbeitsteilung ist als Weg zur Errichtung von wirtschaftlicher Unabhängigkeit ernsthaft zu prüfen. Gerade die internationale Verschuldung ist heute ein Hauptargument der Dependenztheorie. Denn hier stößt die nationale Wirtschaftspolitik sichtbar an Grenzen der Handlungsmöglichkeit. Es wird dem Welthandel langfristig schaden, wenn Weltbank, Währungsfonds und GATT letztendlich handels-, währungs- und finanzpolitisch entscheiden, hingegen die nationalen Regierungen wirtschaftspolitisch keinerlei Entscheidungen treffen können. Wird noch durch Zölle und Handelsbeschränkungen der Export von Gütern aus Entwicklungsländern in Industrieländer verhindert, so wird verständlich, wenn diese die Empfehlung der Marktwirtschaft als ungeeignet betrachten.

Genug der ganz knappen Hinweise auf ungelöste Fragen und Aufgaben! Es geht mir hier nicht darum, eine wirtschaftsethische und wirtschaftspolitische Grundsatzdiskussion in Gang zu setzen und zu führen. Dabei müßte man ferner auch die Frage des Gewinnmotivs, des Profits, des Eigennutzes derer, die am Markt teilnehmen, der Interessenwahrnehmung und -politik und deren ethische Vertretbarkeit erörtern. Die von Vertretern einer Theologie der Befreiung erhobene Kritik an der Marktwirtschaft sollte uns Europäer zu Selbstprüfung und Selbstkritik veranlassen. Weder die totale Negation der Marktwirtschaft, von manchem mit religiösem Eifer vorgebracht, noch eine für Mängel, Bedingungsfehler und Defizite blinde und taube Apologie der Marktwirtschaft führt weiter. Die Marktwirtschaft ist auch ethisch nur dann vertretbar, wenn sie sich tatsächlich dem Wettbewerb aussetzt. Man spricht überdies zutreffend von fairem Wettbewerb, also von einem nicht durch staatliche Interventionen, Kartelle, Wettbewerbsbeschränkungen verzerrten Wettbewerb. Eine realistische Alternative zur marktwirtschaftlichen Ordnung zeichnet sich nicht ab. Es fehlt in der Empirie jedes funktionierende sozialistische Modell einer „just society". Wer eine völlig andere, ideale Wirtschaftsordnung propagiert, bietet statt Brot Steine, und das heißt statt Brot ideologische Propaganda.

Der Frankfurter Wirtschaftswissenschaftler Hermann Sautter hat in seinem Buch „Armut und Reichtum auf Weltebene und die Grenzen politischer Lösungsversuche", 1983, sowohl die marxistische Verheißung wie die kapitalistische Verheißung einer kritischen Prüfung unterzogen. Sautter ist als Christ betroffen von der wirtschaftlichen Not der Entwicklungsländer; er kommt aus einer pietistischen Tradition und wird besonders vom Sozialprotest des Propheten Amos angesprochen. Aus dieser christlichen Verantwortung heraus kommt er zur Feststellung: Weder eine marxistische Utopie noch eine kapitalistische Wirtschaftsweise, die soziale Aspekte übersieht und auf einen marktwirtschaftlichen Automatismus ausschließlich baut, bringen eine Lösung. Sautter sieht folglich die Aufgabe, daß Christen politische Maßnahmen unterstützen, „die mehr Gerechtigkeit und mehr Freiheit zum Ziel haben".[9]

Damit komme ich am Ende auf die Frage, welche Kompetenz Kirche und Theologie denn für Stellungnahme zu wirtschaftlichen Fragen haben. Ich greife zur Beantwortung dieser Frage auf eine

Unterscheidung von Arthur Rich zurück.[10] Er differenziert zwischen der anthropologischen Grundsicht der Humanität, also dem Grundverständnis des Menschen, der christlichen Humanität aus Glaube, Liebe und Hoffnung, zweitens Kriterien des Menschengerechten und drittens sozialethischen Maximen, also operationalisierbaren Handlungsvorschlägen. Daß theologisch zum Grundverständnis des Menschen, auch in der Wirtschaft, etwas beizutragen ist, kann man nicht bestreiten. Kriterien des Menschengerechten wie die Achtung der Mitmenschlichkeit, der Beteiligung, die Einsicht in die Unvollkommenheit, die Anerkennung der Fehlbarkeit, der Freiheit des Menschen gehen einen Schritt weiter. Es sind dies Kriterien, die auf geschichtlicher Erfahrung und vernünftigen Einsichten beruhen. Wenn Wirtschaft von einem kulturellen Stil geprägt ist, wenn also heutige Wirtschaftsordnung von der abendländischen Geistesgeschichte, von Christentum und Aufklärung gestaltet ist, wird man Kirche und Religion das Recht einer Einflußnahme auf die Gestaltung eines Lebensstils, der hinter Lebensformen in Wirtschaft und Gesellschaft steht, nicht verwehren können.

Über Kriterien des Menschengerechten müssen Kirche und Wirtschaft also miteinander sprechen. Die konkreten operationalisierbaren Handlungsmaximen sind hingegen am Maßstab der Tauglichkeit, Effizienz, Wirksamkeit zu messen. Über diesen Wirkungen können auch Theologie und Kirche nur mit guten Gründen mit der Wirtschaft sprechen, also mit vernünftigen Argumenten und mit wirtschaftlichem Sachverstand. In der Theologie der Befreiung wird jedoch kaum zwischen diesen drei verschiedenen Ebenen oder Perspektiven unterschieden. Im Globalbegriff Befreiung fließt alles unscheidbar zusammen. Das führt dann aber zu vielen und grundsätzlichen Mißverständnissen auf beiden Seiten. Theologen können nicht die optimale wirtschaftliche Strategie benennen. Sie können aber sehr wohl auf die Bedeutung aufmerksam machen, die Rechtsstaat, Menschenrechten und demokratischer Mitwirkung aus einer christlichen Sicht des Menschen und der Ordnung menschlichen Zusammenlebens zukommen. Menschenrechten und Rechtsstaat kommt Priorität zu, auch dann, wenn es um technisch-ökonomische Erwägungen der Rationalität geht.

Lassen Sie mich schließlich mit der These, daß die in der Dependenztheorie seitens der Theologien der Befreiung angesprochene wirtschaftliche Abhängigkeit mitsamt ihren realen verhängnisvollen sozialen und gesellschaftlichen Folgen in der Tat eine Herausforderung und Bewährungsprobe gerade für die Idee der Sozialen Marktwirtschaft darstellt. Die Widerlegung der Theologie der Befreiung ist dann aber nicht einfach ein theoretisches Glasperlenspiel, sondern ein Wettbewerb darum, welche wirtschaftliche Ordnung in der Praxis mehr Menschlichkeit und Menschenwürde zu schaffen vermag.

Otto Esser

Freie Wirtschaft – freie Gesellschaft

Auf die naheliegende Frage, ob denn das Generalthema dieser Tagung in erster Linie die Kirche oder die Wirtschaft betrifft, ob es sich dabei um eine mehr theologische oder gesellschaftstheoretische Frage handelt, kann die Antwort nach dem Gehörten nur lauten: beides; jeder weiß, wie fließend die Grenzen zwischen gesellschaftstheoretischen, philosophischen und theologischen Fragen verlaufen. Ich will nur zu einigen und selbstverständlich nicht zu theologischen Aspekten allgemein Stellung beziehen, soweit dies für mein Thema, das Verhältnis einer freien Wirtschaft zur freien Gesellschaft, von Bedeutung ist.

Gewisse Strömungen der Theologien der Befreiung bedienen sich der kritiklosen Übernahme marxistischer Termini und Denkweisen wie einer marxistischen Analyse. Ausgangspunkt ist dabei nicht Glaube und Evangelium, sondern die Infrastruktur gesellschaftlicher Verhältnisse, der politische Kampf und das Klassenbewußtsein. Die drängenden Probleme der Armut in vielen Entwicklungsländern sollen unter Zuhilfenahme marxistischer Gesellschaftsanalyse und der daraus hervorgehenden Klassenkampftheorie gelöst werden. Das Evangelium liefert dazu praktisch nur die theologische Legitimation.

Dies betrifft uns unmittelbar und muß neben den theologischen Streitfragen, die damit aufgeworfen sind, politisch in den freiheitlich organisierten Industrieländern hellhörig machen.

Das gilt nicht nur für den Vorrang, der in den Befreiungstheologien dem Gesellschaftlichen eingeräumt wird und die Distanz zur überweltlichen Transzendenz, sondern für die gesellschaftspolitischen Positionen selbst. Und hier haben einige Denkrichtungen marxistische Züge.

Der Mensch wird als Produkt der Verhältnisse aufgefaßt. Von ihm wird nicht Selbstüberwindung gefordert, sondern Überwindung des Systems. Damit verschieben sich die Aspekte vom individuellen zum kollektiven, vom personalen zum institutionalen, ja sogar vom Seelenheil des einzelnen Menschen zum Zukunftsglück aller. Dies kann uns auch in unserem Verhältnis zur Kirche nicht gleichgültig lassen.

Nun glauben einige Vertreter der Befreiungstheologien, daß sie eine disparate Wirtschafts- und Gesellschaftsphilosophie auf einen Nenner bringen könnten; das heißt: Sie meinen, sie könnten einerseits ein marxistisches Wirtschaftssystem propagieren; und dies könnte andererseits zu einer grundsätzlichen Befreiung der Menschen, und zwar sowohl aus wirtschaftlicher Abhängigkeit als *auch* aus gesellschaftlicher Unfreiheit und damit zur Demokratie führen.

Ganz abgesehen von dem ordnungstheoretischen Irrtum, der dieser Auffassung zugrunde liegt – auf den ich noch eingehen werde –, ist es für mich *auch* ein Kurzschluß zu meinen, man könnte den dem Marxismus immanenten Atheismus von der übrigen marxistischen Analyse einfach trennen und letztere sozusagen christlich legalisieren. Das wird schwerlich gehen! Deshalb haben viele Befreiungstheologien streckenweise mehr als den Anschein, als handele es sich bei ihnen um nichts anderes als ein theologisch verbrämtes Wirtschaftskonzept mit politischen Absichten.

Gewiß sind den Befreiungstheologien idealistische Beweggründe nicht abzusprechen. Zu befürchten ist vielmehr – und nach den Erfahrungen mit an Sicherheit grenzender Wahrscheinlichkeit zu erwarten –, daß das, was eigentlich erreicht werden soll, nämlich die Linderung der Abhängigkeit und Not, durch die vorgeschlagenen Methoden nicht nur nicht erreicht wird, sondern solche Mißverhältnisse eher weiter vergrößert werden.

Manch guter Wille, ja manch echter Idealismus, die in der Gefolgschaft dieser Befreiungstheologien nicht fehlen, werden dazu führen, daß geradezu Unfreiheit und Abhängigkeit und keine Verbesserung der Lebensbedingungen eintritt, sondern all dies von sich aus dazu beiträgt, daß die gewünschten Ziele nicht erreicht werden.

Alle Bemühungen um die Minderung von Armut, Ausbeutung und Hunger in der Welt sind anzuerkennen, zu begrüßen und zu unterstützen. Es ist dies eine christliche, moralische und menschliche Pflicht. Es ist dies ein Gebot des politischen Weltfriedens. Jeder noch so geringe Erfolg, jeder noch so geringe Fortschritt ist schon als ein Plus anzusehen. Nach allen menschlichen Erfahrungen wird man ohnehin dieses Ziel nur langsam, sehr langsam erreichen können: die Überwindung des Hungers und eine freiere Lebensführung.

Die entscheidende Frage ist, mit welchen Mitteln dies geschehen soll. Der Marxismus jedenfalls ist nicht der richtige Weg. Wo er die Macht errungen hat, ist dies nicht zugunsten der Freiheit gewesen, sondern im Gegenteil, er hat zu mehr Unfreiheit geführt. Von kurzfristigen Scheinerfolgen abgesehen, wurden Armut und Knappheiten nicht überwunden und das Koordinationsproblem der einzelnen Wirtschaftsentscheidungen ebensowenig gelöst.

Es kann als geschichtlich belegt angesehen werden, daß sozialistische Wege in jedem Falle schlechter sind als freiheitliche ordnungspolitische Konzepte. Mögen in freiheitlichen Systemen die einzelnen Schritte auch politisch mühevoller sein, die Erfolge, die hier allmählich eintreten, sind größer und beständiger.

Es ist der sicherere Weg zum Ziel.

Wir wissen: Der Marxismus-Leninismus kennt den Begriff der individuellen Freiheit nur in seiner ausschließlichen Bindung an gesellschaftliche Voraussetzungen. Freiheit ist dabei aber nicht, was der einzelne will oder soll, sondern was *die Gesellschaft* für richtig hält. Das Individuum muß sich den Interessen des Kollektivs unterordnen. In der sogenannten „sozialistischen Demokratie“ herrscht in Wirklichkeit nicht das Volk, sondern die Partei, genauer ihre Führung mit stark feudalistischen Zügen. Sie sagt dem Volk, was es zu wollen hat.

Angeblich spielt die führende Rolle im Kampf um eine neue Gesellschaft die Arbeiterklasse, das Proletariat. Diese Parole stößt in den Entwicklungsländern auch auf breite Resonanz. Doch die heutige Praxis in den kommunistisch regierten Ländern stimmt mit diesen Theorien nirgends überein. Nicht die breite Masse des Volkes ist schließlich Träger der „proletarischen Demokratie“, sondern die Parteibürokratie. Deshalb ist es richtig, wenn man behauptet: Der Marxismus führt sowohl zur politischen wie zur wirtschaftlichen Unfreiheit. Viele Beispiele bezeugen das.

Natürlich sind die Befreiungstheologien ihrerseits zum Teil ein Reflex auf nichtfreiheitliche Ordnungen. Sie wollen die Unfreiheit bekämpfen, aber sie propagieren zu einem großen Teil Mittel zur Bekämpfung der Unfreiheit, die wiederum *ihrerseits* zwangsläufig zu neuen Unfreiheiten führen. Kardinal Höffner hat bereits darauf hingewiesen.

Es ändern sich die Machthaber. Die Unfreiheit aber bleibt, denn mit den Mitteln der Unfreiheit kann man nur dorthin zurückführen. Dabei können die Ziele noch so idealistisch sein, die Methoden pervertieren das System.

In solchem Zusammenhang wird der Kapitalismus verteufelt und ihm die Schuld an aller Ungleichheit gegeben. Dabei liegt der Diskussion eine verwirrende Begrifflichkeit zugrunde. Das, was man darunter versteht, ist höchst unterschiedlich. Wie auch immer: Der Begriff ist emotional aufgeladen und negativ besetzt. Er steht sozusagen

- für die Konzentrierung unkontrollierter wirtschaftlicher Macht,
- für egoistische Ausnutzung dieser ökonomischen Machtposition,
- für Unsoziales und Ungerechtigkeit und deshalb für das moralisch Minderwertige.

Für mich hingegen bedeutet Kapitalismus heute immer neben dem Privateigentum an Produktionsmitteln die soziale Verpflichtung gegenüber Leistungsschwachen und gegenüber *nicht* Leistungsfähigen.

So ist zum Beispiel gar nicht zu bestreiten, daß Systeme, die zur Entfaltung des freien Wettbewerbs und zur freien Selbstentfaltung der Menschen beitragen, der wirksamste Weg sind, um Bedürfnisse und Sehnsüchte des Menschen zu erfüllen, und zwar in wirtschaftlicher und gesellschaftlicher Hinsicht.

Natürlich bedürfen die Ergebnisse des Wettbewerbs der sozialen Korrektur. Nach dieser Erkenntnis wird in der Bundesrepublik Deutschland seit Beginn in einem Maße mit Erfolg gehandelt, den das gesamte Ausland bewundernd registriert und den wir Deutsche weitverbreitet für selbstverständlich halten mit dem absoluten Anspruch auf Erhalt und Steigerung.

Andererseits muß man feststellen, was die Effizienz der verschiedenen Ordnungen und den Stellenwert der sozialen Leistungen betrifft, daß Diktaturen und Totalitarismus – in welchem Gewand auch immer, sei es als Kommunismus, sei es als Faschismus – bisher ein einziger wirtschaftlicher und sozialer Mißerfolg waren und sind. Die Realitäten sind anders, als sie in der freiheitlichen Meinung zuweilen erscheinen. Auch im Verhältnis zu den Entwicklungsländern ist es so: Die kapitalistischen Länder sind es, von denen heute der überwiegende Teil der Entwicklungshilfe kommt, nicht von den sozialistischen.

Ich halte es für richtig und notwendig, daß der „Kapitalismus" unserer Zeit seinen Beitrag zu besseren Lebensbedingungen in den unterentwickelten Ländern leistet

– einmal aus sozialer Verpflichtung,

– zum anderen aus der Friedensverantwortung, die wir haben.

Aber man sollte das Maß an Anstrengung und Erfolg richtig einschätzen. Auch hier sind Realismus und wohl bedachte nüchterne Schritte im Interesse der Sache bessere Ratgeber als eine emotionalisierte Rhetorik, wie sie in wohlhabenden Ländern zum Thema Entwicklungspolitik oft zu finden ist.

Auch die christliche Botschaft darf nicht zum Instrument von Ideologien und politischen Strategien mißbraucht werden. Das emotionale Engagement, das zu radikal-revolutionären Lösungen drängt, ist wegen der bedrückenden Verhältnisse möglicherweise verständlich, aber letztlich würde dies das Ende für ein Zusammenleben der betroffenen Menschen in freien Wirtschafts- und Gesellschaftsordnungen bedeuten.

Viele Jugendliche sind fasziniert von den Theologien der Befreiung. Sie neigen auch bei uns dazu, darin die Erfüllung ihrer religiösen Sehnsüchte zu finden. Der Weg wirkt für sie verlockend – nicht zuletzt durch das Gefühl, sich für eine große Sache einzusetzen.

Das Engagement für Unterdrückte und in Not Befindliche ist eine große Sache. Mein Plädoyer geht nur dahin, daß es mit den richtigen sachlichen Mitteln geschieht, damit die Armen dieser Welt nicht von den falschen Anwälten vertreten werden. Das bringt ihnen nichts – den Armen! Es bedarf unsererseits in der Aufklärungsarbeit großer Anstrengungen, um auf reale wirtschaftliche und politische Gegebenheiten aufmerksam zu machen und die Interdependenzen der Ordnungen ins öffentliche Bewußtsein zu bringen.

Was bedeutet Freiheit in einer freien Gesellschaft? Freiheit bedeutet nicht nur, daß der Mensch die Möglichkeit und die Last der freien Entscheidung hat. Sie bedeutet auch, daß er die Folgen seiner Handlungen erdulden muß. Freiheit und Verantwortung sind untrennbar miteinander verbunden!

Eine freie Gesellschaft kann nicht funktionieren, sich erhalten und weiterbestehen, wenn ihre Mitglieder nicht verantwortlich handeln. Eine wirksame Verantwortung muß aber individuelle Verantwortung sein. Denn die Verantwortlichkeit aller ist häufig genug niemandes Verantwortlichkeit.

Freiheit muß inhaltlich positiv gestaltet werden. Das bedeutet: Die Menschen müssen nicht nur wissen, wovon sie frei sein wollen, sondern vor allem, wofür. Voraussetzung für die Freiheit ist die friedliche Entfaltung des Gemeinwesens im Staat und der Welt, das heißt in einer Gesellschafts- und Wirtschaftsordnung, die dies ermöglicht.

Wird Freiheit in diesem Sinne verstanden, so leuchtet ein: Unvereinbare Systeme können nicht ergänzend einander zugeordnet werden. Wirtschaftsordnungen können nur als Teil der jeweiligen Gesamtordnung verstanden werden und müssen der politisch-geistigen Ordnung entsprechen.

Konkret gesprochen: Man kann nicht eine marktwirtschaftliche, freiheitliche Wirtschaftsordnung mit einer kollektivistischen Gesellschaftsordnung kombinieren oder umgekehrt.

Für mich ist die wirtschaftliche Freiheit die notwendige, die unentbehrliche Grundlage der politischen Freiheit und damit der menschlich individuellen Freiheit. Das ist zutiefst alles ineinander verschränkt. Befreiung von wirtschaftlichem Zwang, von Not, Hunger und Abhängigkeit bedeutet zugleich Befreiung von politischem Zwang und einen Schritt hin zur individuellen Freiheit. Das heißt aber auch, daß eine freie Gesellschaft eine freie Wirtschaft nach sich zieht und eine freie Wirtschaft eine freie Gesellschaft braucht.

Ein freiheitliches Wirtschaftssystem nutzt dabei die Kraft des individuellen Selbstbehauptungsdranges des Menschen, während ein lenkungswirtschaftliches sie unterdrückt. Dirigistische Systeme beanspruchen, um ihre Ziele durchzusetzen, die Legitimation einer „höheren“ Moral oder Ethik, mit der sie ihre Handlungen rechtfertigen, und sei es mit Zwang und sei es im Namen der Freiheit. Die Erfahrung zeigt, daß jede Wirtschaftsordnung, die auf eine wesentlich höhere „Moral“ als eine erreichbare gründet, in der Regel zu Zwang, zu Einschränkung der Freiheit greifen muß, um ihre Ziele durchzusetzen und sie eben deshalb verfehlt.

Alle Ergebnisse von Systemvergleichen machen dies deutlich. Die Dialektik von Freiheit und Zwang ist in dirigistischen Systemen nicht zu überwinden.

Es wird sicher nicht überraschen, wenn ich aus unternehmerischer Sicht sage: Ein Wirtschaftssystem, das sich als dynamisches Element der Eigeninitiative und des Eigeninteresses, gepaart mit sozialer Verantwortung, bedient, ist nicht nur effektiver, weil menschengerechter, sondern verdient wegen der damit verbundenen Freiheit ethisch den Vorzug vor solchen, die Dirigismus zur Voraussetzung erheben oder zur Folge haben. Das mag sich sehr theoretisch anhören, ist aber für unsere Fragestellung der „Freiheit in Wirtschaft und Gesellschaft" fundamental! Das Gesetz von der Interdependenz der Ordnungen ist unumstößlich.

Die bei uns bestehende Soziale Marktwirtschaft stellt eine Synthese von individueller Freiheit, wirtschaftlicher Effizienz und sozialer Verpflichtung dar. Sie gestattet die größtmögliche Mitwirkung am Wirtschaftsgeschehen durch freie Entscheidungen der wirtschaftenden Menschen. Der Wettbewerb ist dabei ein unentbehrliches, dynamisches Instrument, um die Wirtschaft „freiheitlich" zu ordnen; indessen darf er nicht zu einem Vernichtungswettbewerb ausarten, sondern muß ein Leistungswettbewerb sein. Dies bedeutet auch, daß das notwendige Privateigentum an Produktionsmitteln sozial-ethischen Bindungen unterliegt und nicht schrankenlos Herrschaft von Kapital sein darf.

Gewiß gab es Ausnahmen von der Regel überall dort, wo man die Güter und ihre Knappheiten dem vollen Preiswettbewerb entzieht und andere Verteilungsparameter zugrunde legt. Das ist nichts Neues, dafür kann es Gründe geben. Die Steuerungsmängel, die konsequenterweise entstehen, dürfen dann allerdings nicht überraschen:

– Überschüsse in der Landwirtschaft,

– Kostenexplosion im Gesundheitswesen,

– schwerste Fehlsteuerungen im Bildungswesen,

um nur drei austauschbare Beispiele zu nennen. Heute stehen angesichts solch augenfälliger Systemfehler, für die der Bürger und Steuerzahler einstehen muß, fast alle Fachleute vor der anerkannten Notwendigkeit, wieder zum Kurs kostenorientierter Leistungs- und Preiswettbewerbe zurückzukehren.

Von Gegnern des marktwirtschaftlichen Systems werden diesem nun weniger die Fehler vorgehalten, deren Ursache zumeist soziale Motivationen, aber auch sozialpolitische Übertreibungen und eine ungenügende Prämierung der Selbstverantwortlichkeit der Bürger sind. Vielmehr wird der Marktwirtschaftsordnung vorgeworfen, daß sie nicht geeignet sei, auf andere Länder, erst recht auf Entwicklungsländer übertragen zu werden, wenn sie nicht einmal für sich selbst die Probleme der Arbeitslosigkeit, Ökologie und die soziale Verteilungsfrage zufriedenstellend löse.

In der Arbeitsmarktentwicklung hat sich die Bundesrepublik im Vergleich zu anderen europäischen Staaten gut gehalten – auch bei der Bekämpfung der Arbeitslosigkeit. Das verdanken wir nicht zuletzt unserem sozialen marktwirtschaftlichen System. Als hauptsächliche Ansatzpunkte, um auf mittlere Sicht einen besseren Beschäftigungsstand zu erreichen, sehe ich folgende:

- Entscheidende Voraussetzung für mehr wettbewerbsfähige Arbeitsplätze ist eine wachstumspolitische Vorwärtsstrategie mit mehr Dynamik, Flexibilität und Mobilität bei konsequenter Nutzung des technischen Fortschritts.

- Gleichzeitig muß der Arbeitsmarkt aus seiner Erstarrung gelöst werden; die Arbeit selbst muß sich den Anforderungen der Märkte schneller anpassen und zu neuen flexiblen Formen finden. Notwendig sind dabei neue Denk- und Verhaltensweisen.

- Zusätzlich und flankierend sind die Spielräume für arbeitsplatzschaffende und qualifizierende Maßnahmen zu nutzen und zu erweitern. Solche sozialverträgliche, arbeitsmarktpolitische Aktivitäten mildern den Druck der noch wachsenden Erwerbsbevölkerung auf den Arbeitsmarkt.

Es gibt auf diesem Feld keine Patentrezepte. Der Faktor Arbeit ist in Deutschland zu teuer. Hohe Lohn- und Lohnzusatzkosten fördern die Schattenwirtschaft, wo zu Lasten Dritter unterhalb der legalen Kostenebene kontrahiert wird. Das können wir langfristig nur ändern, wenn wir die Lohnpolitik besser auf die Beschäftigungsverhältnisse abstimmen. Für Lohnzusatzkosten – Sozialbeiträge, tarifliche und freiwillige Sozialleistungen – gilt dasselbe. Hier ist der Gesetzgeber und sind wir alle aufgerufen, zu besseren Bedingungen für die Arbeit zu kommen. Im übrigen kann es nicht so sein, daß die Arbeitsplatzbesitzer so tun, als wäre für die Arbeitslosigkeit ein Dritter verantwortlich und daß sie keine Mitverantwortung tragen. Die Arbeitszeitverkürzung ist selbst ohne Lohnausgleich kostensteigernd und in den meisten Fällen kein Königspfad zur Lösung der Probleme.

Insgesamt ist auf dem Arbeitsmarkt mehr Flexibilität, mehr Mobilität, mit anderen Worten mehr Marktwirtschaft gefragt.

Beschäftigungsprogramme alter Machart schließlich, wie wir sie mehrfach und mit einem Gesamtaufwand von 50 Milliarden DM in der Vergangenheit hatten, schaffen keine dauerhaften, rentablen Arbeitsplätze. Sie hinterlassen nur Enttäuschungen und Schulden. Wir dürfen aber nicht die Zukunft der nach uns Kommenden verbrauchen.

Die technische Innovation bedeutet, um es auf eine Kurzformel zu bringen, keine Arbeitsplatzvernichtung, sondern die Sicherung der Wettbewerbsfähigkeit der Arbeitsplätze in Deutschland. Zudem ermöglichen die neuen Technologien der Elektronik und EDV eine humanere Arbeitswelt, indem Selbstverantwortung und Qualifikation eine neue große Chance gewinnen.

Die Perspektiven der jungen Generation in Arbeit und Beruf sind eher günstig. Wir haben große Anstrengungen gemacht, ihre Ausbildung sicherzustellen und bestehende Beschäftigungsmöglichkeiten durch geeignete Arbeitszeitformen besser zu nutzen. Nahezu jeder, der eine Ausbildungsstelle wollte, hat eine erhalten. Über 700000 Jugendliche haben 1984 eine betriebliche

Ausbildung begonnen, das sind rund 100000 mehr als 1981. Die Betriebe haben aus sozialer Verantwortung über ihren Bedarf hinaus ausgebildet. Durch verschiedene praktische Möglichkeiten, wie durch unbefristete Beschäftigung in einer verwandten Tätigkeit, Beschäftigung ohne festen Arbeitsplatz für eine Übergangszeit etc., wird es auch möglich sein, mehr junge Menschen von der Ausbildung in einen Arbeitsplatz überführen zu können.

Wir sind noch nicht am Ende von Sorgen und Nöten. Deshalb sollen die Überschüsse der Bundesanstalt für Arbeit in starkem Maße für Qualifizierung und Umschulung schwer vermittelbarer Jugendlicher und für ihre Eingliederung in den Beruf genutzt werden, statt die Beiträge für die Arbeitslosenversicherung zu senken, was wegen der Lohnkosten ebenfalls ein erwägenswerter Weg wäre. Die Qualifizierung verdient nach meiner Ansicht die höhere Priorität und soll nicht auf Jugendliche beschränkt bleiben. Das scheint mir ein Solidarbeitrag besonderer und eindrucksvoller Art zu sein.

Ich bin sicher: Das Beschäftigungsproblem ist auf Sicht marktwirtschaftlich lösbar. Wir müssen den Zeitfaktor richtig einschätzen. Wenn die Trendindikatoren – Zins, Wachstum, Export, Produktivität, Preis und Beschäftigung – weiterhin tragen, hat die Rezessionsphase ihren Höhepunkt überschritten. Gemessen an säkularen Wachstumseinbrüchen der Vergangenheit wäre die jüngste dann besonders kurz gewesen.

Auch das Umweltproblem, das die Wirtschaft in der ganzen Dimension seit einiger Zeit richtig einschätzt, ist lösbar. Es ist in vergleichbar kurzer Zeit bis zum heutigen Tage Bemerkenswertes geschehen. Die Versöhnung von Ökonomie und Ökologie wird inzwischen neben der Überwindung der Arbeitslosigkeit als die größte Herausforderung des ausgehenden Jahrhunderts der Industriestaaten empfunden.

Umweltverschmutzung und Umweltbelastung ist keine Frage des Wirtschaftssystems. Nachweisbar haben die Ostblockländer krasse Ökologieprobleme. Es geht wirtschaftlich gesprochen darum, die Umweltkosten, also die Kosten für allgemeine Güter rechenbar zu machen, sie möglichst *nicht* zu externalisieren, das heißt, auf die Gemeinschaft abzuwälzen – sondern sie zu internalisieren, sie an der Quelle zu mindern. Es ist nicht das System eine Ursache der Umweltproblematik, sondern es ist die Frage, welches Ordnungssystem die Probleme leichter lösen kann.

Im Prinzip steht man also wieder vor der Frage, ob man an Stelle von Verbots- und Gebotsnormen – auf die man gewiß nicht verzichten kann – mehr nach marktwirtschaftlichen Anreizmechanismen sucht, um die einzelnen zu motivieren, die Umwelt weniger zu belasten, oder ob man vor allem auf Verwaltung und Bürokratie vertraut. Da das eigentliche ökonomische Problem der Umweltpolitik die Regulierung eines Knappheitsphänomens ist, wird man mit einer marktwirtschaftlichen Lösung weiter kommen als mit einer anderen. Auch in diesem ordnungspolitischen Teilbereich sprechen viele Vergleiche der westlichen mit den östlichen Industrienationen dafür.

Ich will für die deutsche Wirtschaft gar keiner Selbstzufriedenheit Ausdruck geben, die den Eindruck erwecken könnte, wir wollten das Problem relativieren. Wir alle wissen um die Aufgaben, die uns der technische Fortschritt auch in ökologischer Hinsicht stellt. – Die Folgen unseres irdischen Tuns unter menschliche Kontrolle zu bringen, ist uns Menschen aufgegeben. Ich glaube an die Lösungskompetenz durch den Verantwortungswillen wirtschaftlich handelnder Menschen.

Von grundlegend anderer Qualität – und das ist der letzte Teil meiner Bemerkungen – ist die soziale Frage. Wir haben in der Bundesrepublik einen Sozialstandard erreicht wie noch nie zuvor in der Geschichte – und einen der höchsten in der Welt. Doch wir haben teilweise über unsere Verhältnisse gelebt. Dabei haben wir zwei grundsätzliche Fehler gemacht:

Erstens haben wir das Niveau der sozialen Leistungen und die Verteilungsquoten insgesamt zu hoch schießen lassen. 350 Milliarden DM Sozialausgaben, das ist ein Fünftel des Bruttosozialprodukts, werden faktisch umverteilt. Die Folge davon ist eine zu hohe Staats- und Abgabenquote mit nachteiligen Wirkungen für den offiziellen Arbeitsmarkt.

Zweiter Fehler: Wir haben die Systeme so ausgerichtet, als wären sie nur auf Wachstum angelegt. Deswegen müssen wir das Niveau insgesamt stabilisieren und aufpassen, daß die Dynamik uns nicht noch höher treibt. Wir müssen die sekundären Verteilungssysteme den veränderten Bevölkerungsverhältnissen im Sinne des Generationenvertrages anpassen. – Dieses auszusprechen, löst in der Regel Animositäten aus, weil die gesamte Gesellschaft den „sozialen Besitzstand“ als ein Tabu besonderer Art ansieht. Ich will auch gar nicht von einem Abbau des Sozialstaates sprechen. Sicher sind zum Beispiel

- durch überzogene Leistungsverbesserungen die Beiträge zur Rentenversicherung gestiegen;

- durch die Ausgabenexplosion in der Krankenversicherung die Beitragssätze erhöht worden;

- durch die Wirtschaftskrise der letzten Jahre die Arbeitslosenversicherungsbeiträge heraufgesetzt worden.

Von einer Minderung des sozialen Status quo im ganzen kann aber – *trotz* Spar- und Konsolidierungszwang – keine Rede sein. Gebremst wurde im wesentlichen die dynamische Entwicklung der Sozialleistungen. Das Gesamtvolumen des Sozialbudgets hat sich von 1982 bis 1984 um rund 41 Milliarden DM weiter erhöht.

Die Sozialleistungen je Einwohner sind von 8255 DM auf rund 9000 DM weiter gestiegen. Sie sind insgesamt seit 1980 fast genauso schnell gewachsen wie das Volkseinkommen. Im Einzelfall sind naturgemäß soziale Leistungskürzungen und verminderte Leistungsdynamik schmerzlich empfunden worden. Von einem generellen Abbau oder gar der Zerstörung des sozialen Netzes zu sprechen, ist geradezu unsinnig. Von dem Aufkommen einer „neuen Armut“ kann ebenfalls keine Rede sein. Bei uns haben 87 Prozent der Haushalte – wohlgemerkt Arbeitnehmer- und Arbeitslosenhaushalte – ein Durchschnittsnettoeinkommen von über 2000 DM. Nur etwa 1 Prozent haben ein Durchschnittsnettoeinkommen von unter 1000 DM.

Länger anhaltende Arbeitslosigkeit hat sicher mehr Menschen in finanzielle Schwierigkeiten geführt. Hier müssen wir sozialpolitisch sorgfältig prüfen und notfalls Änderungen der einschlägigen Bestimmungen vornehmen: Aber es kann nicht angehen, daß die Tatsache des unterproportionalen Anteils am Wohlstandszuwachs – wohlgesagt – bei erträglichem Versorgungsniveau zum Anlaß wird, eine generelle Sozialklage gegen das System zu erheben. – Uns mangelt es – nebenbei – an einer klaren Analyse der realen sozialen Bedürftigkeit. Zur wirksamen Bekämpfung sind Mutmaßungen und Pauschallösungen nicht hilfreich. In dieser Hinsicht ist noch viel zu tun!

Freie Wirtschafts- und Gesellschaftsordnung halten und stabilisieren sich nicht von selbst. Immer wieder bedarf es aktueller politischer und wirtschaftlicher Entscheidungen. In der praktischen Wirtschafts- und Gesellschaftspolitik werden uns diese Aufgaben jeden Tag neu gestellt. Für die Entwicklungsländer stellt sich nicht die Frage nach der einfachen Übertragung eines Ordnungsmodells nach dem Muster der Sozialen Marktwirtschaft in der Bundesrepublik Deutschland. Hier werden je nach Wirtschaftsstruktur, Rohstoff- und Produktionsverhältnissen, nach Kultur, Zivilisationsniveau und ethischen Bedingungen jeweils andere Gesichtspunkte gelten. Es geht darum, ob die ordnungspolitische Ausgestaltung nach grundsätzlich freiheitlich-demokratischen oder mehr nach dirigistischen und zwangswirtschaftlichen Bedingungen vorgenommen werden soll. Wie immer man sich entscheidet:

Es müssen bestimmte Grundelemente der Interdependenz, der wechselseitigen Abhängigkeit der einzelnen Ordnungen beachtet werden. Es kam mir darauf an, das darzutun.

Die Grenzziehung und Abwägung zwischen Individualgütern und Kollektivgütern ist eine kulturelle Frage. Voraussetzung, um die richtige Justierung der Grenze zwischen Wirtschafts- und Gesellschaftsordnung, zwischen Freiheit und Unfreiheit, zwischen Einzelwohl und Gemeinwohl, zu finden, ist eine Sache der geistigen und mentalen Einstellung der Bürger selbst. Gesellschaftsentwürfe einer Kollektivgesellschaft sehen dabei anders aus als diejenigen, die Subsidiarität und Selbstverantwortung als einen hohen kulturellen Wert ansehen und in den Vordergrund stellen. Dies gilt auch für Entwicklungsländer.

Anhang

Wir veröffentlichen die Instruktion der Kongregation für die Glaubenslehre über einige Aspekte der „Theologie der Befreiung" und die Erklärung von Los Andes, die bei den Diskussionen und Referaten des Studiengespräches eine besondere Rolle gespielt haben. Diese beiden Dokumente können zur umfassenden Information der Leser beitragen und Verständnis für die Ausführungen der Referenten wecken.

Instruktion der Kongregation für die Glaubenslehre über einige Aspekte der „Theologie der Befreiung“

Vorwort

Das Evangelium Jesu Christi ist eine Botschaft der Freiheit und eine Kraft der Befreiung. Diese grundlegende Wahrheit haben Theologen in den letzten Jahren zum Gegenstand der Überlegung gemacht, verbunden mit einer neuen Aufmerksamkeit, die in sich selbst reich an Hoffnungen ist.

Die Befreiung ist vor allem und grundsätzlich eine Befreiung von der radikalen Knechtschaft der Sünde. Ihr Ziel wie ihre Grenze ist die Freiheit der Kinder Gottes, ein Geschenk der Gnade. Sie umschließt in logischer Konsequenz die Befreiung von vielfältigen Versklavungen auf kulturellem, ökonomischem, sozialem und politischem Gebiet, die letzten Endes alle von der Sünde herrühren und die ebensosehr Hindernisse bilden, welche die Menschen daran hindern, ihrer Würde entsprechend zu leben. Klar zu unterscheiden, was grundlegend ist und was zu den Folgerungen gehört, ist demnach eine unerläßliche Bedingung für eine theologische Reflexion über die Befreiung.

In der Tat, angesichts der Dringlichkeit der Probleme sind manche versucht, den Akzent einseitig auf die Befreiung von der Versklavung auf irdischem und weltlichem Gebiet zu setzen, so daß es scheint, daß diese die Befreiung von der Sünde an die zweite Stelle setzen und ihr hierdurch faktisch nicht mehr die erste Bedeutung einräumen, die ihr zukommt. Daher ist die Art, wie sie die Probleme darstellen, verworren und zweideutig. In der Absicht, die Ursachen der Versklavung, die sie beseitigen wollen, genau zu erkennen, bedienen sich andere ohne hinreichend kritische Vorsicht eines geistigen Instrumentariums, das nur sehr schwer, vielleicht überhaupt nicht, von ideologischen Vorstellungen gereinigt werden kann, die mit dem christlichen Glauben und den daraus folgenden ethischen Forderungen unvereinbar sind.

Die Kongregation für die Glaubenslehre beabsichtigt nicht, das weite Thema der christlichen Freiheit und der Befreiung vollständig zu behandeln. Sie nimmt sich vor, dies in einem späteren Dokument zu tun, das – in positiver Ausrichtung – alle Reichtümer ins rechte Licht stellt, sowohl in der Lehre als auch in der Praxis.

Die vorliegende Instruktion hat ein sehr präzises und begrenztes Ziel: Sie will die Aufmerksamkeit des Hirten, Theologen und aller Gläubigen auf die Abweichungen und die Gefahren der Abweichung lenken, die den Glauben und das christliche Leben zerstören, wie sie gewisse Formen der Theologie der Befreiung enthalten, die in ungenügend kritischer Weise ihre Zuflucht zu Konzepten nehmen, die von verschiedenen Strömungen des marxistischen Denkens gespeist sind.

Diese Warnung darf in keiner Weise als eine Verurteilung all derer ausgelegt werden, die hochherzig und im authentischen Geist des Evangeliums auf die „vorrangige Option für die Armen" antworten wollen. Sie darf in keiner Weise denen zum Vorwand dienen, die sich angesichts der tragischen und drängenden Probleme des Elends und der Ungerechtigkeit hinter einer Haltung der Neutralität und der Indifferenz verschanzen. Im Gegenteil, sie ist von der Gewißheit bestimmt, daß die tiefgreifenden ideologischen Abweichungen, die sie anzeigt, unabdingbar dazu führen, die Sache der Armen zu verraten. Mehr denn je ist es erforderlich, daß die zahlreichen Christen, die in ihrem Glauben erleuchtet und dazu entschlossen sind, ein christliches Leben ohne Abstriche zu führen, sich aus Liebe zu ihren enterbten, unterdrückten und verfolgten Brüdern im Kampf für Gerechtigkeit, Freiheit und Menschenwürde einsetzen. Mehr denn je will die Kirche die Mißbräuche, die Ungerechtigkeiten und die Verstöße gegen die

Freiheit verurteilen, wo immer sie begegnen und wer immer sie anzettelt, und mit den ihr eigenen Mitteln kämpfen, um die Menschenrechte, insbesondere in der Person der Armen, zu verteidigen und zu fördern.

I. Eine Sehnsucht

1. Die mächtige und gleichsam unwiderstehliche Sehnsucht der Völker nach *Befreiung* stellt eines der wichtigsten *Zeichen der Zeit* dar, die die Kirche ergründen und im Licht des Evangeliums auslegen soll.[1] Dieses bedeutende Phänomen unserer Epoche hat eine universale Tragweite; es zeigt sich aber unter den Völkern in verschiedenen Formen und Graden. Diese Sehnsucht kommt bei den Völkern, die die Last des Elends kennen, und unter den entrechteten Schichten besonders stark zum Ausdruck.

2. Diese Sehnsucht drückt eine echte, wenn auch dunkle Wahrnehmung der Würde des Menschen aus, der „nach dem Bild und Gleichnis Gottes" (*Gen* 1,27) geschaffen ist, jener Würde, die durch vielfältige, oft gehäufte Unterdrückungen kultureller, politischer, rassischer, sozialer und ökonomischer Art geschändet und mißachtet wird.

3. Die Berufung zur Gotteskindschaft aufdeckend, hat das Evangelium in den Herzen der Menschen die Forderung und den positiven Willen nach einem brüderlichen, gerechten und friedlichen Leben eingestiftet, in dem jeder die Achtung und die Bedingungen seiner geistlichen und materiellen Entfaltung finden kann. Dieser Anspruch ist ohne Zweifel die Quelle jener Sehnsucht, von der wir sprechen.

4. Daher ist der Mensch nicht mehr bereit, die erdrückende Not mit ihren Folgen, Tod, Krankheiten und Entwürdigungen, passiv hinzunehmen. Er erlebt diese Not als eine unerträgliche Verletzung seiner angestammten Würde. Verschiedene Faktoren, darunter der „Sauerteig" des Evangeliums, haben zum Erwachen des Bewußtseins der Unterdrückten beigetragen.

5. Selbst die noch analphabetischen Bevölkerungsgruppen wissen heute, daß die Menschheit, dank der bewundernswerten Entwicklung der Wissenschaften und der Technik, auch bei beständigem Bevölkerungswachstum in der Lage sein wird, jedem menschlichen Wesen das Minimum an Gütern zu sichern, das die Würde der Person erfordert.

6. Der Skandal der himmelschreienden Ungleichheiten zwischen Reichen und Armen – ob es sich um die Ungleichheiten zwischen reichen und armen Ländern oder um die Ungleichheiten unter den sozialen Schichten desselben Nationalgebietes handelt – wird nicht länger geduldet. Auf der einen Seite hat man einen bislang noch nie dagewesenen Überfluß erreicht, der die Verschwendung fördert; auf der anderen Seite lebt man noch in einem Zustand der Not, die durch das Fehlen der lebensnotwendigsten Güter gekennzeichnet ist, so daß die Opfer der Unterernährung zahllos geworden sind.

7. Das Fehlen der Gerechtigkeit und des Sinnes für Solidarität im internationalen Austausch gereicht den industrialisierten Ländern zum Vorteil, wodurch der Abstand zwischen Reichen und Armen ständig wächst. Daher stammen das Gefühl der Frustration bei den Völkern der Dritten Welt sowie der gegen die industrialisierten Länder gerichtete Vorwurf der Ausbeutung und des ökonomischen Kolonialismus.

8. Die Erinnerung an die Untaten und die verhängnisvollen Folgen eines gewissen Kolonialismus vertieft dabei oft die Wunden und Verletzungen.

9. Auf der Linie des Zweiten Vatikanischen Konzils haben der Apostolische Stuhl ebenso wie die Bischofskonferenzen unermüdlich den Skandal gebrandmarkt, den das gigantische Wettrüsten darstellt, das, neben der Bedrohung des Friedens, enorme Summen verschlingt, von denen ein Teil schon genügen würde, um die allernotwendigsten Bedürfnisse jener Bevölkerungen zu stillen, denen es am Notwendigen mangelt.

II. Ausdrucksformen dieser Sehnsucht

1. Die Sehnsucht nach Gerechtigkeit und effektiver Anerkennung der Würde jedes menschlichen Wesens erfordert, wie jede tiefe Sehnsucht, daß sie geklärt und geleitet wird.

2. Die theoretischen und praktischen *Ausdrucksformen* dieser Sehnsucht bedürfen der Prüfung. Denn zahlreiche politische und soziale Bewegungen geben sich als die authentischen Sprecher der Sehnsucht der Armen aus und halten sich für befugt, notfalls unter Zuhilfenahme von gewalttätigen Mitteln, die radikalen Veränderungen zu bewirken, die der Unterdrückung und der Not des Volkes ein Ende bereiten werden.

3. So wird die Sehnsucht nach der Gerechtigkeit oft von Ideologien in Beschlag genommen, die deren Sinn verdunkeln oder pervertieren, indem sie dem Kampf der Völker für ihre Befreiung Ziele setzen, die dem wahren Ziel des menschlichen Lebens entgegengesetzt sind, und Wege der Aktion vertreten, die den systematischen Rückgriff auf die Gewalt einschließen und einer die Personen achtenden Ethik entgegenstehen.

4. Die Deutung der *Zeichen der Zeit im Licht des Evangeliums* erfordert daher, daß man einerseits den Sinn der tiefen Sehnsucht der Völker nach Gerechtigkeit ergründet, daß man aber auch anderseits mit kritischer Unterscheidung die Ausdrucksformen theoretischer und praktischer Art prüft, die man dieser Sehnsucht gibt.

III. Die Befreiung als christliches Thema

1. Die Sehnsucht nach Befreiung kann, in sich betrachtet, im Herzen und im Geist der Christen nur ein starkes und brüderliches Echo finden.

2. Im Einklang mit dieser Sehnsucht ist jene theologische und pastorale Bewegung entstanden, die unter dem Namen „Befreiungstheologie“ bekannt ist, zuerst in den Ländern Lateinamerikas, die vom religiösen und kulturellen Erbe des Christentums

geprägt sind, dann auch in anderen Gegenden der Dritten Welt wie auch in bestimmten Gebieten der industrialisierten Länder.

3. Der Ausdruck „Befreiungstheologie" bezeichnet zunächst eine besondere, das Engagement für die Gerechtigkeit weckende Betroffenheit zugunsten der Armen und der Opfer der Unterdrükkung. Von diesem Ansatz aus kann man verschiedene, oft miteinander unvereinbare Weisen unterscheiden, die Bedeutung der christlichen Armut aufzufassen sowie die Art des Einsatzes für die Gerechtigkeit, die sie verlangt. Wie jede Ideenbewegung nehmen auch die „Befreiungstheologien" unterschiedliche theologische Positionen ein; ihre lehrmäßigen Grenzen sind nicht genau abgesteckt.

4. Die Sehnsucht nach *Befreiung* entspricht, wie der Ausdruck es selber nahelegt, einem Grundthema des Alten und Neuen Testaments. So ist auch der Ausdruck „Befreiungstheologie" für sich genommen ein vollgültiger Ausdruck: Er bezeichnet dann eine theologische Reflexion, die sich mit dem biblischen Thema der Befreiung, der Freiheit und ihren drängenden praktischen Konsequenzen befaßt. Das Zusammentreffen der Sehnsucht nach Befreiung mit den Befreiungstheologien ist daher nicht zufällig. Die Bedeutung dieses Zusammentreffens kann nur im Licht der Eigenart der Offenbarungsbotschaft korrekt verstanden werden, welche das Lehramt der Kirche authentisch auslegt.[2]

IV. Biblische Grundlagen

1. Eine recht verstandene Befreiungstheologie stellt eine Aufforderung an die Theologen dar, gewisse wesentliche biblische Themen zu vertiefen, in der Auseinandersetzung mit den schweren und dringlichen Fragen, die die zeitgenössische Sehnsucht nach Befreiung und die Befreiungsbewegungen, die ihr mehr oder weniger getreu entsprechen, an die Kirche stellen. Unmöglich kann man die Situationen dramatischer Not vergessen, die den Theologen diese Herausforderung stellt.

2. Die radikale Erfahrung der *christlichen Freiheit*[3] bildet hier den ersten Bezugspunkt. Christus, unser Befreier, hat uns von der

Sünde befreit wie auch von der Knechtschaft des Gesetzes und des Fleisches, die die Situation des sündigen Menschen kennzeichnet. Frei werden wir also durch das neue Leben der Gnade, die Frucht der Rechtfertigung. Das bedeutet, daß die tiefste Knechtschaft die Knechtschaft der Sünde ist. Die anderen Formen der Knechtschaft wurzeln daher letztlich in der Knechtschaft der Sünde. Deshalb darf die Freiheit im Vollsinn ihrer christlichen Bedeutung, die durch das Leben im Heiligen Geist gekennzeichnet ist, nicht mit der Freizügigkeit gegenüber den Begierden des Fleisches verwechselt werden. Sie ist neues Leben in der Liebe.

3. Die „Befreiungstheologien" berufen sich weitgehend auf den Bericht des *Exodus.* Dieser bildet das grundlegende Heilsereignis des Alten Testaments: die Befreiung aus der Fremdherrschaft und der Sklaverei. Man muß die besondere Bedeutung dieses Ereignisses im Blick behalten, die ihm von seinem Ziel her zukommt; denn diese Befreiung ist auf die Gründung des Volkes Gottes und auf den am Berg Sinai gefeierten Bundesschluß hingeordnet.[4] Deshalb kann die Befreiung des Exodus nicht auf eine Befreiung zurückgeführt werden, die hauptsächlich und ausschließlich politischer Natur wäre. Es ist im übrigen bezeichnend, daß der Begriff der *Befreiung* in der Hl. Schrift manchmal durch den ihm sehr nahestehenden Begriff der Erlösung ersetzt wird.

4. Das Stiftungsereignis des Exodus wird nie aus der Erinnerung Israels schwinden. Auf dieses Ereignis bezog man sich, als nach der Zerstörung Jerusalems und dem babylonischen Exil die Hoffnung auf eine neue Befreiung und darüber hinaus die Erwartung einer endgültigen Befreiung auflebten. In dieser Erfahrung wird Gott als der Befreier anerkannt. Er wird mit seinem Volk einen Neuen Bund schließen, der durch die Gabe seines Geistes und durch die Bekehrung der Herzen gekennzeichnet ist.[5]

5. Die vielfältigen Ängste und Nöte, die der Mensch erlebt, der dem Gott des Bundes treu bleibt, sind das Thema mehrerer Psalmen: Klagen, Hilferufe, Danksagungen erwähnen das religiöse Heil und die Befreiung. In diesem Kontext wird Not nicht einfach mit einer sozialen Notsituation identifiziert noch mit der Not, die

der politisch Unterdrückte erleidet. Sie umfaßt auch die Gegnerschaft der Feinde, die Ungerechtigkeit, den Tod, die Schuld. Die Psalmen verweisen uns auf eine wesentliche religiöse Erfahrung: Von Gott allein werden Heil und Heilung erwartet. Gott, nicht der Mensch, hat die Macht, die Notsituationen zu wenden. So leben die „Armen des Herrn" in einer völligen Abhängigkeit, die auf die liebende Vorsehung Gottes vertraut.[6] Überdies hat der Herr während der ganzen Wüstenwanderung ständig für die Befreiung und die geistliche Reinigung seines Volkes gesorgt.

6. Im Alten Testament erinnern die Propheten seit Amos mit besonderer Eindringlichkeit unablässig an die Forderungen der Gerechtigkeit und Solidarität und verurteilen die Reichen äußerst scharf, die den Armen unterdrücken. Sie verteidigen die Witwen und Waisen. Sie drohen den Mächtigen: Die Anhäufung von Unrecht kann nur zu schrecklichen Bestrafungen führen. Denn die Treue zum Bund läßt sich nicht ohne das Tun der Gerechtigkeit denken. Gerechtigkeit gegenüber Gott und Gerechtigkeit gegenüber den Menschen sind untrennbar. Gott ist der Verteidiger und der Befreier der Armen.

7. Solche Forderungen finden sich auch im Neuen Testament. Sie werden dort sogar radikalisiert, wie die Rede über die *Seligpreisungen* zeigt. Die Bekehrung und die Erneuerung müssen im Tiefsten des Herzens vollzogen werden.

8. Das Gebot der brüderlichen Liebe, das bereits im Alten Testament angekündigt wurde, stellt in seiner Ausweitung auf alle Menschen die oberste Regel des sozialen Lebens dar.[7] Der Anerkennung eines jeden Menschen als *des Nächsten* dürfen sich weder Diskriminierungen noch Grenzen entgegenstellen.[8]

9. Die Armut um des Reiches Gottes willen wird hochgeschätzt. Wir werden angeleitet, in der Gestalt des Armen das Bild und die geheimnisvolle Gegenwart des Sohnes Gottes zu erkennen, der aus Liebe zu uns arm wurde.[9] Das ist die Grundlage jener unausschöpfbaren Worte Jesu über das Gericht in *Mt* 25, 31–46. Unser Herr ist mit aller Not solidarisch; alle Not ist von seiner Gegenwart gezeichnet.

10. Gleichzeitig werden die bereits im Alten Testament ausgesprochenen Forderungen der Gerechtigkeit und der Barmherzigkeit vertieft, so sehr, daß sie im Neuen Testament eine neue Bedeutung erhalten. Die Leidenden und Verfolgten werden mit Christus identifiziert.[10] Die Vollkommenheit, die Jesus von seinen Jüngern fordert (*Mt* 5, 18), besteht in der Pflicht, barmherzig zu sein, „wie euer Vater barmherzig ist" (*Lk* 6, 36).

11. Im Lichte der christlichen Berufung zur brüderlichen Liebe und zur Barmherzigkeit werden die Reichen streng an ihre Pflicht erinnert.[11] Angesichts der Unordnungen in der Kirche von Korinth unterstreicht der heilige Paulus nachdrücklich die Verbindung, die zwischen der Teilnahme am Sakrament der Liebe und dem Teilen mit dem notleidenden Bruder besteht.[12]

12. Die Offenbarung des Neuen Testaments lehrt uns, daß die Sünde das tiefste Übel ist, das den Menschen im Herzen seiner Persönlichkeit trifft. Die erste Befreiung, Bezugspunkt aller anderen Befreiungen, ist die von der Sünde.

13. Das Neue Testament verlangt wohl deshalb als Vorbedingung zum Eintritt in diese Freiheit nicht zuerst eine Änderung der politischen und sozialen Situation, weil es dadurch den radikalen Charakter des Loskaufes anzeigen will, den Christus gewirkt hat und der jedem Menschen angeboten ist, ob er politisch frei oder Sklave ist. Dennoch zeigt der *Philemonbrief,* daß die neue Freiheit, die die Gnade Christi bringt, notwendigerweise Auswirkungen auf der sozialen Ebene haben muß.

14. Man darf folglich den Bereich der Sünde, deren erste Wirkung es ist, die Beziehung zwischen Mensch und Gott in Unordnung zu bringen, nicht auf das beschränken, was man „die soziale Sünde" nennt. In Wirklichkeit vermag nur eine richtige Lehre von der Sünde die Schwere ihrer sozialen Auswirkungen zu zeigen.

15. Man darf auch nicht das Böse vorrangig und allein in den ökonomischen, sozialen und politischen „Strukturen" orten, als hätten alle anderen Übel ihre Ursache und Quelle in diesen

Strukturen, so daß die Schaffung eines „neuen Menschen" von der Errichtung anderer ökonomischer und sozio-politischer Strukturen abhinge. Gewiß, es gibt unrechte Strukturen, die auch wieder Unrecht hervorbringen und die zu ändern man den Mut haben muß. Die Früchte des menschlichen Tuns, die Strukturen, gute oder böse, sind eher Folgen als Ursachen. Die Wurzel des Bösen liegt in den freien und verantwortlichen Personen, die durch die Gnade Jesu Christi bekehrt werden sollen, um als neue Geschöpfe zu leben und zu handeln, in der Liebe zum Nächsten, im wirksamen Streben nach Gerechtigkeit, in der Selbstbeherrschung und in der Übung der Tugenden.[13]

Wenn man im Namen einer radikalen Revolution der sozialen Beziehungen, die der erste Imperativ wäre, das Streben nach persönlicher Vollkommenheit kritisiert, so läuft man Gefahr, den Sinn für die Person und ihre Transzendenz zu verlieren und die Ethik und ihr Fundament, nämlich den absoluten Charakter der Unterscheidung von Gut und Böse, zu zerstören. Da im übrigen die Liebe für die echte Vollkommenheit grundlegend ist, kann sie nicht ohne Öffnung auf den anderen hin und ohne den Geist des Dienens verstanden werden.

V. Die Stimme des Lehramtes

1. Das Lehramt der Kirche hat häufig und immer wieder die Aktualität und die Dringlichkeit der in der Offenbarung enthaltenen Imperative in Erinnerung gerufen, um der Herausforderung zu antworten, die Unterdrückung und Hunger an unsere Zeit richten. Das Lehramt ist dabei von der Sorge geleitet, das christliche Gewissen für den Sinn für Gerechtigkeit, für soziale Verantwortung und Solidarität mit den Armen und Unterdrückten zu wekken.

2. Beschränken wir uns hier darauf, einige dieser Stellungnahmen zu erwähnen: die neueren päpstlichen Rundschreiben *Mater et Magistra, Pacem in terris, Populorum progressio, Evangelii nuntiandi.* Wir erwähnen ebenso den Brief an Kardinal Roy *Octogesima adveniens.*

3. Das Zweite Vatikanische Konzil hat seinerseits die Fragen der Gerechtigkeit und der Freiheit in seiner Pastoralkonstitution *Gaudium et spes* angesprochen.

4. Der Heilige Vater hat wiederholt diese Themen behandelt, besonders in den Enzykliken *Redemptor hominis, Dives in misericordia* und *Laborem exercens.* Die zahlreichen Stellungnahmen, die die Lehre von den *Menschenrechten* in Erinnerung rufen, behandeln direkt die Probleme der Befreiung der menschlichen Person aus den verschiedenen Arten von Unterdrückung, deren Opfer sie ist. Besondere Erwähnung verdient dabei die Rede vor der XXXVI. Vollversammlung der Vereinten Nationen in New York am 2. Oktober 1979.[14] Am 28. Januar desselben Jahres hatte Johannes Paul II. bei der Eröffnung der dritten Konferenz des CELAM in Puebla darauf hingewiesen, daß die volle Wahrheit über den Menschen die Grundlage einer echten Befreiung darstellt.[15] Dieser Text ist ein direktes Bezugsdokument zur Befreiungstheologie.

5. Zweimal, in den Jahren 1971 und 1974, hat die *Bischofssynode* Themen behandelt, die direkt die christliche Auffassung von der Befreiung betreffen: das Thema der Gerechtigkeit in der Welt und das Thema der Beziehung zwischen der Befreiung der Unterdrückten und der umfassenden Befreiung oder dem Heil des Menschen. Die Arbeiten der Synoden von 1971 und 1974 haben Papst Paul VI. bewogen, in dem Apostolischen Lehrschreiben *Evangelii nuntiandi* die Beziehungen zwischen der Evangelisation und der Befreiung oder Förderung des Menschen genauer zu bestimmen.[16]

6. Die Sorge der Kirche um die Befreiung und Förderung des Menschen zeigt sich auch in der Errichtung der Päpstlichen Kommission *Iustitia et Pax.*

7. Zahlreiche Episkopate haben in Übereinstimmung mit dem Heiligen Stuhl ihrerseits die Dringlichkeit und die Wege einer authentischen menschlichen Befreiung angesprochen. In diesem Zusammenhang verdienen die Dokumente der Konferenzen des CELAM in Medellin (1968) und in Puebla (1979) besondere Er-

wähnung. Paul VI. war bei der Eröffnung von Medellin, Johannes Paul II. bei der von Puebla anwesend. Beide haben dabei das Thema der Bekehrung und der Befreiung angesprochen.

8. Paul VI. hatte die Besonderheit der Botschaft des Evangeliums betont, die mit ihrem göttlichen Ursprung zusammenhängt.[17] In seiner Ansprache in Puebla hat Johannes Paul II. dies aufgegriffen und die drei Pfeiler genannt, auf denen jede echte Befreiungstheologie aufruhen soll: *die Wahrheit über Jesus Christus, die Wahrheit über die Kirche, die Wahrheit über den Menschen.*[18]

VI. Eine Neuinterpretation des Christentums

1. Wie könnte man die unermeßliche Summe an uneigennütziger Mühe vergessen, die Christen, Hirten, Priester, Ordensleute oder Laien, darauf verwenden, aus Liebe zu ihren in unmenschlichen Situationen lebenden Brüdern Hilfe und Linderung in den zahllosen Nöten zu bringen, die das Elend verursacht? Unter ihnen gibt es manche, die danach trachten, wirksame Mittel zu finden, die es möglich machen würden, einer unerträglichen Situation möglichst schnell ein Ende zu bereiten.

2. Es besteht freilich die Gefahr, daß der Eifer und das Mitgefühl, die alle Hirten im Herzen tragen sollen, irregeleitet und Unternehmungen zugeführt werden, die für den Menschen und seine Würde ebenso verderblich sind wie das Elend, das man bekämpft, wenn man sich gewissen Versuchungen gegenüber nicht genügend wachsam zeigt.

3. Das beängstigende Gefühl der Dringlichkeit der Probleme darf nicht dazu verleiten, das Wesentliche aus dem Blick zu verlieren und die Antwort Jesu zu vergessen, die er dem Versucher gab: „Der Mensch lebt nicht nur von Brot, sondern von jedem Wort, das aus Gottes Mund kommt" (*Mt* 4, 4; vgl. *Dtn* 8, 3). So sind manche versucht, angesichts der Dringlichkeit, das Brot zu teilen, die Evangelisierung einzuklammern und auf später zu verschieben: zuerst das Brot, später das Wort. Es ist ein tödlicher

Irrtum, die beiden zu trennen oder einander entgegenzusetzen. Im übrigen drängt ihr christliches Gespür sie ganz spontan dazu, beides zugleich zu tun.[19]

4. Manchen scheint sogar der notwendige Kampf für Gerechtigkeit und menschliche Freiheit, beide in ihrem ökonomischen und politischen Sinn verstanden, das Wesentliche und das Ganze des Heils darzustellen.

5. Die Situierung der verschiedenen Befreiungstheologien bestimmt sich einerseits nach ihrer Beziehung zur vorrangigen Option für die Armen, wie sie, nach Medellin, die Konferenz von Puebla klar und ohne Zweifel bekräftigt hat,[20] andererseits hinsichtlich der Versuchung, das Evangelium vom Heil auf ein irdisches Evangelium zu reduzieren.

6. Wir rufen ins Gedächtnis, daß die vorrangige Option für die Armen, wie sie in Puebla festgehalten ist, eine doppelte ist: für die Armen und *für die Jugendlichen.*[21] Es ist bezeichnend, daß die Option für die Jugendlichen allgemein völlig in Vergessenheit geraten ist.

7. Wir haben weiter oben gesagt (vgl. IV., 4), daß es eine authentische „Theologie der Befreiung" gibt, die im recht verstandenen Wort Gottes verwurzelt ist.

8. Von einem beschreibenden Standpunkt aus gesehen muß man von *den* Befreiungstheologien sprechen; denn dieser Begriff umfaßt nicht nur verschiedene, sondern häufig auch miteinander unvereinbare theologische Positionen.

9. In diesem Dokument wird nur von solchen Ausformungen dieser Gedankenrichtung die Rede sein, die unter dem Namen „Befreiungstheologie" eine Deutung des Glaubensinhaltes und der christlichen Existenz vorlegen, die in Wirklichkeit ganz neu ist und schwerwiegend vom Glauben der Kirche abweicht, mehr noch, die dessen praktische Leugnung bedeutet.

10. Unkritische Anleihen bei der marxistischen Ideologie und der Rückgriff auf die Thesen einer vom Rationalismus geprägten bi-

blischen Hermeneutik sind die Wurzeln dieser neuen Deutung, die daran ist, das zu verderben, was das anfängliche großherzige Engagement für die Armen an Echtem besaß.

VII. Die marxistische Analyse

1. Die Ungeduld und der Wille zur Effizienz haben manche Christen, die an allen anderen Methoden verzweifelten, dazu geführt, sich dem zuzuwenden, was sie „marxistische Analyse" nennen.

2. Ihre Überlegung ist folgende: Eine unerträgliche und explosive Situation erfordert ein *wirksames Handeln,* das nicht mehr zuwarten kann. Ein wirksames Handeln setzt eine *wissenschaftliche* Analyse der strukturellen Ursachen des Elends voraus. Nun hat aber der Marxismus die Instrumente einer solchen Analyse entwickelt. Es genügt also, diese auf die Situation der Dritten Welt und besonders Lateinamerikas anzuwenden.

3. Daß die wissenschaftliche Kenntnis der Situation und der möglichen Wege sozialer Umgestaltung die Voraussetzung eines Handelns ist, das fähig ist, die gesteckten Ziele zu erreichen, ist selbstverständlich. Darin liegt ein Kennzeichen der Ernsthaftigkeit des Engagements.

4. Der Begriff „wissenschaftlich" übt freilich eine fast mythische Faszination aus, und doch ist nicht alles auch wirklich wissenschaftlich, was dieses Etikett trägt. Deshalb muß der Verwendung einer Methode des Zugangs zur Wirklichkeit eine kritische Prüfung erkenntnistheoretischer Art vorausgehen. Diese vorgängige kritische Prüfung fehlt bei manchen „Befreiungstheologien".

5. In den Sozial- und Humanwissenschaften ist es wichtig, auf die Vielfalt der Methoden und Gesichtspunkte zu achten, von denen jede nur einen Aspekt einer Wirklichkeit hervorhebt, die wegen ihrer Komplexität keine einheitliche und univoke Erklärung zuläßt.

6. Im Falle des Marxismus, wie man ihn in der Befreiungstheologie zu gebrauchen beansprucht, drängt sich eine vorgängige Kri-

tik um so mehr auf, als das Denken von Marx eine Weltanschauung darstellt, in der zahlreiche Daten der Beobachtung und der beschreibenden Analyse in eine philosophisch-ideologische Struktur integriert sind, die bestimmt, welche Bedeutung und relative Wichtigkeit man diesen Daten zumißt. Die ideologischen *Apriori* werden bei der Lektüre der sozialen Wirklichkeit vorausgesetzt. So wird es unmöglich, die heterogenen Elemente auseinanderzuhalten, die dieses erkenntnistheoretisch hybride Gemisch bilden. Man glaubt, nur das aufzugreifen, was sich als Analyse darbietet, und wird dabei verleitet, gleichzeitig die Ideologie anzunehmen. Deshalb geschieht es nicht selten, daß unter dem, was viele „Befreiungstheologen" marxistischen Autoren entleihen, die ideologischen Aspekte überwiegen.

7. Die Warnung Pauls VI. hat bis heute ihre volle Gültigkeit bewahrt: Im Marxismus, so wie er konkret gelebt wird, kann man verschiedene Aspekte und Fragen unterscheiden, die sich der Reflexion und dem Handeln der Christen stellen. „Es wäre freilich illusorisch und gefährlich, darüber zu vergessen, daß sie durch ein inneres Band untereinander radikal verbunden sind; die Elemente der marxistischen Analyse zu übernehmen, ohne deren Bezug zur Ideologie zu erkennen; in die Praxis des Klassenkampfes und dessen marxistische Interpretation einzutreten, und dabei zu übersehen, zu welchem Typus von totalitärer Gesellschaft dieser Prozeß führt."[22]

8. Es stimmt zwar, daß sich marxistisches Denken von Anfang an, in deutlicherer Weise aber in den letzten Jahren in verschiedener Weise ausgeformt hat, so daß mehrere Strömungen entstanden sind, die sich beträchtlich voneinander unterscheiden. In dem Maße jedoch, wie solche Strömungen wirklich marxistisch bleiben, folgen sie weiterhin einigen Grundthesen, die mit der christlichen Auffassung vom Menschen und der Gesellschaft nicht zu vereinbaren sind. In diesem Rahmen sind gewisse Sprachformeln keineswegs neutral, sondern bewahren jene Bedeutung, die sie in der ursprünglichen marxistischen Doktrin erhalten haben. So verhält es sich zum Beispiel mit dem Ausdruck „Klassenkampf". Dieser bleibt durchdrungen von der Interpreta-

tion, die ihm Marx gegeben hat; er sollte deshalb nicht für gleichbedeutend mit dem empirisch verstandenen Ausdruck „zugespitzter Sozialkonflikt" gehalten werden. Wer ähnliche Formeln benutzt und dabei behauptet, nur gewisse Elemente der marxistischen Analyse beizubehalten, während er letztere als Ganzes zurückweise, schafft im Denken seiner Leser zumindest eine tiefe Zweideutigkeit.

9. Wir rufen in Erinnerung, daß der Atheismus und die Negation der menschlichen Person, ihrer Freiheit und ihrer Rechte, sich im Zentrum der marxistischen Konzeption befinden. Diese enthalten auch die Irrtümer, die die Wahrheiten des Glaubens über die ewige Bestimmung der Person direkt bedrohen. Mehr noch, wer eine solche Analyse in die Theologie integrieren will, bei der die Kriterien der Interpretation von dieser atheistischen Konzeption abhängen, verstrickt sich in schlimme Widersprüche. Das Verkennen der geistigen Natur der Person führt dazu, diese völlig dem Kollektiv unterzuordnen und ebenso die Prinzipien eines sozialen und politischen Lebens zu leugnen, die mit der Menschenwürde übereinstimmen.

10. Die kritische Prüfung der analytischen Methoden, die man anderen Disziplinen entlehnt, ist für den Theologen besonders dringlich. Das Glaubenslicht vermittelt der Theologie ihre Prinzipien. Wenn daher der Theologe philosophische oder humanwissenschaftliche Ergebnisse gebraucht, so hat dieser Gebrauch „instrumentalen" Wert und muß Gegenstand einer kritischen Prüfung theologischer Art sein. Anders gesagt, das letzte und entscheidende Wahrheitskriterium kann letztlich nur selber ein theologisches Kriterium sein.

Die Gültigkeit oder der Grad an Gültigkeit dessen, was die anderen Disziplinen, im übrigen oft mehr mutmaßend, als Wahrheiten über den Menschen, seine Geschichte und sein Ziel vorlegen, muß im Licht des Glaubens geprüft werden, im Licht dessen, was der Glaube uns über die Wahrheit des Menschen und den letzten Sinn seines Weges lehrt.

11. Die Anwendung von der marxistischen Denkströmung entliehenen Interpretationsschemata auf die ökonomische, soziale und politische Wirklichkeit von heute kann auf den ersten Blick eine gewisse Wahrscheinlichkeit bieten, in dem Maße, als die Situation gewisser Länder einige Analogien mit den Situationen aufweist, die Marx in der Mitte des letzten Jahrhunderts beschrieben und interpretiert hat. Aufgrund dieser Analogien nimmt man Vereinfachungen vor, die von wesentlichen spezifischen Faktoren absehen und dadurch eine wirklich genaue Analyse der Ursachen des Elends verhindern und die Verwirrungen andauern lassen.

12. Die Anhäufung des Großteils der Reichtümer durch eine Besitzeroligarchie ohne soziales Gewissen, das fast völlige Fehlen oder die Mängel des Rechtsstaats, die Militärdiktaturen, die die elementaren Menschenrechte mißachten, die Korruption bestimmter Machthaber, die zügellosen Praktiken des ausländischen Kapitals bilden in manchen Gegenden Lateinamerikas Faktoren, die ein gewaltiges Gefühl des Aufbegehrens bei denen hervorrufen, die sich als die ohnmächtigen Opfer eines neuen technologischen, finanziellen, monetären oder ökonomischen Kolonialismus betrachten. Das Bewußtwerden der Ungerechtigkeit ist von einem *Pathos* begleitet, das seine Sprache oft dem Marxismus entlehnt, die mißbräuchlich als eine „wissenschaftliche" Sprache hingestellt wird.

13. Die erste Bedingung einer Analyse ist die völlige Bereitschaft, sich von der zu beschreibenden Wirklichkeit belehren zu lassen, ohne vorgefaßte Ideen. Ein kritisches Bewußtsein muß mit dem Gebrauch der Arbeitshypothesen Hand in Hand gehen, die man übernimmt. Man muß wissen, daß diese einem Teilgesichtspunkt entsprechen, was unweigerlich zur Folge hat, daß gewisse Aspekte der Wirklichkeit hervorgehoben, andere im Dunkel gelassen werden. Diese Begrenztheit, die sich aus der Natur der Sozialwissenschaften ergibt, wird von denen übersehen, die, statt Hypothesen zu gebrauchen, die als solche erkannt werden, eine umfassende Weltanschauung übernehmen, wie sie das Denken von Marx darstellt.

VIII. Untergrabung des Sinnes für Wahrheit und die Gewalt

1. Diese Gesamtkonzeption besticht in ihrer Logik und treibt die „Theologien der Befreiung" an, eine Summe von Positionen zu übernehmen, die mit dem christlichen Menschenbild unvereinbar sind. Der ideologische, dem Marxismus entlehnte Kern, auf den man sich bezieht, übt in der Tat die Funktion eines *bestimmenden Prinzips* aus. Diese Rolle wird ihm aufgrund der Qualifikation als *wissenschaftlich,* das heißt als notwendig wahr, zugesprochen. In diesem Kern kann man verschiedene Komponenten unterscheiden.

2. In der Logik des marxistischen Denkens ist die „Analyse" nicht von der Praxis und von der Geschichtsauffassung, die mit ihr verbunden ist, zu trennen. So ist die Analyse ein Instrument der Kritik, und die Kritik ist ihrerseits nur ein Moment des revolutionären Kampfes. Der Kampf ist der der Klasse des Proletariats, die mit einer geschichtlichen Sendung betraut ist.

3. Deshalb kann nur derjenige, der an diesem Kampf *teilnimmt,* eine korrekte Analyse durchführen.

4. Das richtige Bewußtsein ist daher das *parteiliche* Bewußtsein. Man sieht, daß hier die Auffassung von der *Wahrheit* auf dem Spiel steht. Sie wird vollständig umgekehrt: Wahrheit gibt es nur, so wird behauptet, in der und durch die parteiliche *Praxis.*

5. Die *Praxis* und die Wahrheit, die sich aus ihr ergibt, sind parteiliche Praxis und Wahrheit, da die Grundstruktur der Geschichte vom *Klassenkampf* gekennzeichnet ist. Es besteht daher eine objektive Notwendigkeit, in den Klassenkampf einzutreten (der das dialektische Gegenteil der Ausbeutungsbeziehung ist, die man anprangert). Die Wahrheit ist Klassenwahrheit; Wahrheit gibt es nur im Kampf der revolutionären Klasse.

6. Das Grundgesetz der Geschichte, der Klassenkampf, beinhaltet, daß die Gesellschaft auf der Gewalt aufbaut. Der Gewalt, die

die Herrschaftsbeziehung der Reichen über die Armen darstellt, antwortet die revolutionäre Gegengewalt, durch die diese Beziehung umgestürzt werden wird.

7. Der Klassenkampf wird als ein objektives, notwendiges Gesetz dargestellt. Indem man in diesen Prozeß auf seiten der Unterdrückten eintritt, „tut" man die Wahrheit, handelt man „wissenschaftlich". Folglich geht diese Auffassung von der Wahrheit mit der Behauptung der Notwendigkeit von Gewalt Hand in Hand und damit mit dem politischen Amoralismus. In diesen Perspektiven verliert die Bezugnahme auf ethische Forderungen nach radikalen und mutigen strukturellen und institutionellen Reformen jeden Sinn.

8. Das Grundgesetz des Klassenkampfes hat den Charakter des Umfassenden und Universalen. Es spiegelt sich in allen Lebensbereichen, den religiösen, ethischen, kulturellen und institutionellen. Keiner dieser Bereiche ist diesem Gesetz gegenüber autonom. In allen diesen Bereichen ist dieses Gesetz das bestimmende Element.

9. Durch die Abhängigkeit dieser Thesen vom marxistischen Ursprung wird besonders das Wesen der Ethik radikal in Frage gestellt. De facto wird das transzendente Prinzip der Unterscheidung von Gut und Böse, das Grundprinzip der Moral, in der Sicht des Klassenkampfes implizit geleugnet.

IX. Die „theologische" Übersetzung dieses Kerns

1. Die in Frage stehenden Positionen finden sich mitunter wörtlich in gewissen Schriften der „Befreiungstheologen". Bei anderen erscheinen sie von ihren Prämissen logisch abgeleitet. Zudem sind sie bei bestimmten liturgischen Praktiken vorausgesetzt, wie zum Beispiel die „Eucharistie" in eine Feier des Klassenkampfes umgeformt wird, auch wenn es denjenigen, die daran teilnehmen, nicht voll bewußt ist. Es handelt sich also um ein wirkliches System, wenn auch manche zögern, der Logik bis auf den Grund zu folgen. Dieses so beschaffene System ist eine Perversion der christlichen Botschaft, wie Gott sie seiner Kirche anvertraut hat. Diese Botschaft wird also in ihrer Ganzheit bei den „Befreiungstheologien" in Frage gestellt.

2. Die „Befreiungstheologien“ übernehmen nicht die *Tatsache* der gesellschaftlichen Schichtungen und die mit ihnen verbundenen Ungerechtigkeiten, sondern die *Theorie* des Klassenkampfes als strukturelles Grundgesetz der Geschichte. Man zieht dabei die Schlußfolgerung, daß der so verstandene Klassenkampf selbst die Kirche spaltet und daß man die kirchliche Wirklichkeit von ihm her beurteilen muß. Man behauptet auch, es hieße unredlicherweise eine trügerische Illusion aufrechterhalten zu beanspruchen, daß die Liebe in ihrer Universalität das besiegen könnte, was doch das erste Strukturgesetz der kapitalistischen Gesellschaft darstellt.

3. In dieser Sicht ist der Klassenkampf der Motor der Geschichte. Dadurch wird die Geschichte zu einem Zentralbegriff. Man sagt, Gott sei Geschichte geworden. Man fügt hinzu, es gebe nur eine Geschichte, in der nicht mehr zwischen Heils- und Profangeschichte unterschieden werden darf. Die Unterscheidung aufrechterhalten hieße, in einen „Dualismus“ zu fallen. Dergleichen Aussagen zeugen von einem historizistischen Immanentismus. Dadurch ist man bestrebt, das Reich Gottes und sein Werden mit der menschlichen Befreiungsbewegung zu identifizieren und aus der Geschichte das Subjekt ihrer eigenen Entwicklung als Prozeß der Selbsterlösung des Menschen durch den Klassenkampf zu machen. Diese Identifizierung steht zum Glauben der Kirche in Widerspruch, wie ihn das Zweite Vatikanische Konzil in Erinnerung gerufen hat.[23]

4. In dieser Richtung gehen manche so weit, Gott selbst mit der Geschichte zu identifizieren und den Glauben als „Treue zur Geschichte“ zu definieren, womit eine Treue gemeint ist, die in der politischen Praxis engagiert ist, wie sie der Vorstellung von der Entwicklung der Menschheit entspricht, die als ein rein zeitlicher Messianismus aufgefaßt wird.

5. Folglich erhalten Glaube, Hoffnung und Liebe einen neuen Inhalt: Sie bedeuten „Treue zur Geschichte“, „Vertrauen in die Zukunft“ und „Entscheidung für die Armen“. Das heißt, sie werden in ihrer theologischen Wirklichkeit geleugnet.

6. Eine radikale Politisierung der Glaubensaussagen und der theologischen Urteile ist die unvermeidliche Folge dieser neuen Auffassung. Es geht nicht mehr nur darum, die Aufmerksamkeit auf die politischen Folgen und Auswirkungen der Glaubenswahrheiten zu lenken, die in ihrem transzendenten Wert geachtet werden. Vielmehr wird jede Aussage des Glaubens und der Theologie einem politischen Kriterium unterzogen, das seinerseits wieder von der Theorie des Klassenkampfes als des Motors der Geschichte abhängt.

7. Daher wird der Einsatz im Klassenkampf als eine Forderung der Liebe hingestellt. Man prangert es als eine demobilisierende und der Liebe zu den Armen entgegengesetzte Haltung an, wenn man schon jetzt jeden Menschen lieben will, zu welcher Klasse er auch gehöre, und wenn man ihm auf den Wegen des gewaltlosen Dialogs und der Überzeugung begegnen möchte. Wenn man auch sagt, er solle nicht Gegenstand des Hasses sein, so behauptet man doch, daß er aufgrund seiner objektiven Zugehörigkeit zur Welt der Reichen *zuerst* ein zu bekämpfender Klassenfeind sei. Daher wird die Universalität der Nächstenliebe und der Brüderlichkeit zu einem eschatologischen Prinzip, das erst für den „neuen Menschen" gelten wird, der aus der siegreichen Revolution hervorgehen wird.

8. Bezüglich der Kirche besteht die Tendenz, in ihr nur eine innergeschichtliche Wirklichkeit zu sehen, die auch nur den Gesetzen gehorcht, die angeblich die geschichtliche Entwicklung in ihrer Immanenz lenken. Diese Reduktion entleert die Kirche von ihrer eigenen Wirklichkeit, die Gabe der Gnade Gottes und Geheimnis des Glaubens ist. Gleicherweise bestreitet man, daß die Teilnahme am gleichen eucharistischen Tisch für Christen, die ansonsten entgegengesetzten Klassen angehören, noch einen Sinn habe.

9. In ihrer positiven Bedeutung bezeichnet *die Kirche der Armen* die Bevorzugung – ohne Ausschließlichkeit – der Armen in allen Formen des menschlichen Elends, weil sie die Bevorzugten Gottes sind. Der Ausdruck bezeichnet zudem, daß in unserer

Zeit der Kirche als Gemeinschaft und als Institution sowie ihren Gliedern die Forderungen der evangelischen Armut bewußt werden.

10. Die „Befreiungstheologien“ haben zwar das Verdienst, die großen Texte der Propheten und des Evangeliums über die Verteidigung der Armen wieder aufgewertet zu haben, doch verwechseln sie darüber hinaus in verderblicher Weise den *Armen* der Schrift mit dem *Proletariat* von Marx. Dadurch wird der *christliche* Sinn der Armut pervertiert, und der Kampf für die Rechte der Armen verwandelt sich in eine Klassenauseinandersetzung im ideologischen Sinn des Klassenkampfes. Die *Kirche der Armen* bezeichnet dann eine Klassenkirche, die sich der Notwendigkeit des revolutionären Kampfes als Etappe zur Befreiung bewußt geworden ist und die diese Befreiung in ihrer Liturgie feiert.

11. Eine analoge Bemerkung muß bezüglich des Ausdrucks *Volkskirche* gemacht werden. Vom pastoralen Standpunkt aus kann man darunter die vorrangigen Adressaten der Evangelisierung verstehen, diejenigen, denen sich wegen ihrer Lebensbedingungen die pastorale Liebe der Kirche besonders zuwendet. Man kann von der Kirche auch als vom „Volk Gottes“ sprechen, das heißt vom Volk des Neuen Bundes, den Christus geschlossen hat.[24]

12. Die „Befreiungstheologien“, von denen wir hier sprechen, verstehen aber unter *Volkskirche* eine Klassenkirche, die Kirche des unterdrückten Volkes, das es „bewußtzumachen“ gilt für den organisierten Befreiungskampf. Das so verstandene Volk wird für manche sogar zum Glaubensgegenstand.

13. Ausgehend von einer solchen Auffassung von der Volkskirche wird eine Kritik der Kirchenstrukturen entwickelt. Es geht nicht mehr nur um eine brüderliche Zurechtweisung derjenigen Hirten der Kirche, deren Verhalten nicht den evangelischen Geist des Dienens widerspiegelt und sich an überholte Autoritätszeichen klammert, die den Armen ein Ärgernis sind. Es handelt sich vielmehr um eine Infragestellung der *sakramentalen und hierarchischen Struktur* der Kirche, wie der Herr selber sie gewollt hat.

Man verurteilt die Hierarchie und das Lehramt als eindeutige Vertreter der herrschenden Klasse, die man notwendigerweise bekämpfen muß. Theologisch läuft diese Position darauf hinaus, daß gesagt wird, das Volk sei die Quelle der Ämter, es könne sich deshalb selber die Amtsträger seiner Wahl geben, entsprechend den Bedürfnissen seiner historischen, revolutionären Sendung.

X. Eine neue Hermeneutik

1. Die parteiliche Auffassung von der Wahrheit, die sich in der revolutionären Klassen*praxis* kundtut, erhärtet diese Position. Die Theologen, die die Thesen der „Befreiungstheologie" nicht teilen, die Hierarchie und vor allem das römische Lehramt werden *a priori* diskreditiert, da sie zur Unterdrückerklasse gehören. Argumente und Lehren brauchen daher erst gar nicht für sich geprüft werden, da sie nur Klasseninteressen widerspiegeln. Dadurch wird deren Rede für prinzipiell falsch erklärt.

2. Hier zeigt sich der umfassende und totalisierende Charakter der „Befreiungstheologie". Diese muß folglich nicht in dieser oder jener ihrer Aussagen kritisiert werden, sondern auf der Ebene des Klassenstandpunktes, den sie *a priori* einnimmt und der in ihr als ein bestimmendes hermeneutisches Prinzip wirkt.

3. Aufgrund dieses Klassenvorverständnisses wird es äußerst schwierig, um nicht zu sagen unmöglich, von manchen „Befreiungstheologen" einen echten Dialog zu erreichen, in dem der Gesprächspartner gehört und seine Argumente objektiv und aufmerksam diskutiert werden. Denn diese Theologen gehen, mehr oder weniger bewußt, von der Voraussetzung aus, daß der Standpunkt der unterdrückten und revolutionären Klasse, der der ihre sei, den einzigen Standpunkt der Wahrheit ausmache. Die theologischen Wahrheitskriterien werden dadurch relativiert und den Forderungen des Klassenkampfes untergeordnet. In dieser Perspektive ersetzt man die *Orthodoxie* als die rechte Glaubensregel durch die Idee der *Orthopraxie* als Wahrheitskriterium. In dieser Hinsicht darf die praktische Ausrichtung, die auch der herkömmlichen Theologie eigen ist, und zwar mit dem

gleichen Recht wie die spekulative Ausrichtung, mit einem bevorzugten Primat, wie er in einer bestimmten Form von *Praxis* vorkommt, nicht verwechselt werden. Letztere ist in der Tat eine revolutionäre *Praxis,* die zum obersten Kriterium der theologischen Wahrheit erhoben wird. Eine gesunde theologische Methodologie berücksichtigt ohne Zweifel die *Praxis* der Kirche und findet dort eine ihrer Grundlagen, aber nur deshalb, weil sie aus dem Glauben hervorkommt und sein gelebter Ausdruck ist.

4. Die Soziallehre der Kirche wird verächtlich verworfen. Sie gehe, so sagt man, von der Illusion eines möglichen Kompromisses aus, die für die Mittelklassen typisch sei, die ohne historische Bestimmung sind.

5. Die neue *Hermeneutik,* die in den „Befreiungstheologien" vertreten wird, führt zu einer im wesentlichen *politischen* „relecture" der Schrift. So wird dem Ereignis des *Exodus* eine vorrangige Bedeutung zugemessen, insofern er Befreiung aus der politischen Knechtschaft ist. Auch das *Magnifikat* wird politisch gelesen. Der Fehler besteht hier nicht darin, daß man für eine politische Dimension der biblischen Berichte aufmerksam ist, sondern darin, daß aus ihr die wichtigste und ausschließliche Dimension gemacht wird, was zu einer verkürzenden Lektüre der Schrift führt.

6. Ebenso stellt man sich in die Perspektive eines zeitlichen Messianismus, der eine der radikalsten Ausdrucksformen der Säkularisierung des Reiches Gottes und seines Verschwindens in der Immanenz der menschlichen Geschichte darstellt.

7. Indem man auf diese Weise die politische Dimension privilegiert, gelangt man dazu, die *radikale Neuheit* des Neuen Testaments zu leugnen und vor allem die Person unseres Herrn Jesus Christus zu verkennen, der wahrer Gott und wahrer Mensch ist, sowie den spezifischen Charakter der Befreiung, die er uns gebracht hat und die zuerst Befreiung von der Sünde ist, der Quelle aller Übel.

8. Anderseits entfernt man sich eben dadurch von der Tradition, daß man die autorisierte Auslegung durch das Lehramt ablehnt,

indem man sie als eine klassenbedingte Auslegung verurteilt. Dadurch beraubt man sich eines wesentlichen theologischen Auslegungskriteriums, und in dem dadurch entstandenen Leerraum greift man zu den radikalsten Thesen der rationalistischen Exegese. So übernimmt man unkritisch den Gegensatz zwischen dem *„Jesus der Geschichte“* und dem *„Christus des Glaubens“.*

9. Gewiß hält man am Buchstaben der Glaubensformeln fest, besonders an der von Chalkedon, doch gibt man ihnen eine neue Bedeutung, die eine Verneinung des kirchlichen Glaubens ist. Einerseits verwirft man die von der Tradition getragene christologische Lehre im Namen des Klassenkriteriums; anderseits beansprucht man, dem „Jesus der Geschichte“ von der revolutionären Erfahrung des Befreiungskampfes der Armen her zu begegnen.

10. Man gibt vor, eine analoge Erfahrung zu der zu erleben, die Jesus gemacht haben soll. Die Erfahrung der Armen, die für ihre Befreiung kämpfen, die die Erfahrung Jesu gewesen sein soll, offenbare einzig und allein die Erkenntnis des wahren Gottes und seines Reiches.

11. Es ist klar, daß hier der Glaube an das fleischgewordene Wort, das für alle Menschen gestorben und auferstanden ist und das Gott „zum Herrn und Christus gemacht hat“,[25] geleugnet wird. Man ersetzt es durch eine Jesusgestalt, die eine Art Symbol darstellt, das in sich die Forderungen des Kampfes der Unterdrückten zusammenfaßt.

12. So gibt man dem Tod Christi eine ausschließlich politische Deutung. Dadurch leugnet man seine Heilsbedeutung und die ganze Heilsökonomie der Erlösung.

13. Die neue Interpretation betrifft daher das Ganze des christlichen Mysteriums.

14. Ganz allgemein betrachtet bewirkt sie eine Art Umkehr der Symbole. Anstatt zum Beispiel mit dem hl. Paulus im Exodus ein

Bild für die Taufe zu sehen,[26] ist man geneigt, aus dieser ein Symbol der politischen Befreiung des Volkes zu machen.

15. Da dasselbe hermeneutische Kriterium auch auf das kirchliche Leben und die hierarchische Verfassung der Kirche angewandt wird, werden die Beziehungen zwischen der Hierarchie und der „Basis" Herrschaftsbeziehungen, die dem Gesetz des Klassenkampfes gehorchen. Die Sakramentalität, die die Wurzel der kirchlichen Ämter ist und die aus der Kirche eine geistliche Wirklichkeit macht, die nicht auf eine rein soziologische Analyse beschränkt werden kann, wird einfach übergangen.

16. Die Umkehrung der Symbole kann man auch im Bereich der *Sakramente* beobachten. Die Eucharistie wird nicht mehr in ihrer Wahrheit als sakramentale Gegenwart des Opfers der Versöhnung und als die Gabe von Leib und Blut Christi verstanden. Sie wird zur Feier des Volkes in seinem Kampf. Daher wird die Einheit der Kirche radikal geleugnet. Die Einheit, die Versöhnung, die Gemeinschaft in der Liebe werden nicht mehr als eine Gabe verstanden, die wir von Christus empfangen.[27] Die Einheit wird von der historischen Klasse der Armen durch ihren Kampf aufgerichtet werden. Der Klassenkampf ist der Weg dieser Einheit. Die Eucharistie wird so zur Klasseneucharistie. Gleichzeitig wird die siegreiche Kraft der Liebe Gottes geleugnet, die wir empfangen.

XI. Orientierungen

1. Die Warnung vor den schweren Abweichungen, die in manchen „Befreiungstheologien" enthalten sind, darf keinesfalls als eine auch nur indirekte Gutheißung derer verstanden werden, die zur Fortdauer des Elends der Völker beitragen, die davon profitieren, die sich daran beteiligen oder die dieses Elend unberührt läßt. Die Kirche, die dem Evangelium von der Barmherzigkeit und der Liebe zum Menschen folgt, hört den Ruf nach Gerechtigkeit[28] und möchte mit allen ihren Kräften darauf antworten.

2. Ein immenser Anruf richtet sich daher an die Kirche. Mit Mut und Wagnis, mit Klarsicht und Klugkeit, mit Eifer und Seelenstär-

ke, mit einer bis zum Opfer gehenden Liebe zu den Armen sollen die Hirten – und viele tun es bereits – es als eine vorrangige Aufgabe betrachten, auf diesen Ruf zu antworten.

3. Alle, Priester, Ordensleute und Laien, die diesen Ruf nach Gerechtigkeit hören und für die Evangelisierung und die Förderung des Menschen arbeiten wollen, werden es in Gemeinschaft mit ihrem Bischof und mit der Kirche tun, jeder entsprechend seiner spezifischen kirchlichen Berufung.

4. Im Bewußtsein des kirchlichen Charakters ihrer Berufung werden die Theologen loyal und im Geist des Dialogs mit dem Lehramt der Kirche zusammenarbeiten. Sie werden im Lehramt ein Geschenk Christi an seine Kirche erkennen[29] und sein Wort und seine Weisung mit kindlichem Respekt entgegennehmen.

5. Die Anforderungen einer echten menschlichen Förderung und Befreiung kann man nur von dem in seiner Ganzheit gesehenen Auftrag zur Evangelisierung her verstehen. Die unerläßlichen Pfeiler dieser Befreiung sind *die Wahrheit über Jesus Christus, den Erlöser, die Wahrheit über die Kirche und die Wahrheit über den Menschen* und seine Würde.[30] Die Kirche, die auf der ganzen Welt Kirche der Armen sein will, ist entschlossen, den wichtigen Kampf für die Wahrheit und für die Gerechtigkeit zu führen, und dies im Licht der Seligpreisungen, vorab der Seligpreisung der vor Gott Armen. Sie wendet sich an jeden Menschen und aus diesem Grunde an alle Menschen. Sie ist „die universale Kirche, die Kirche der Menschwerdung. Sie ist keine Kirche einer Klasse oder nur einer Kaste. Und sie spricht im Namen der Wahrheit. Diese Wahrheit ist realistisch". Sie lehrt, „jede menschliche Wirklichkeit, jede Ungerechtigkeit, jede Spannung, jeden Kampf"[31] wahrzunehmen.

6. Eine wirksame Verteidigung der Gerechtigkeit muß sich auf die Wahrheit über den Menschen stützen, der nach dem Bild Gottes geschaffen und zur Gnade der Gotteskindschaft berufen ist. Die Anerkennung der wahren Beziehung des Menschen zu Gott stellt das Fundament jener Gerechtigkeit dar, die die Beziehungen unter den Menschen regelt. Deshalb ist der Kampf für die Menschenrechte, den die Kirche ständig in Erinnerung ruft, der wahre Kampf für die Gerechtigkeit.

7. Die Wahrheit über den Menschen erfordert, daß dieser Kampf mit Mitteln geführt wird, die der menschlichen Würde gemäß sind. Deshalb muß der systematische und planmäßige Gebrauch der blinden Gewalt, von welcher Seite sie auch komme, verurteilt werden.[32] Man wird das Opfer einer tödlichen Illusion, wenn man auf gewalttätige Mittel vertraut, in der Hoffnung, mehr Gerechtigkeit zu erwirken. Gewalt erzeugt Gewalt und entwürdigt den Menschen. Sie schändet die Würde des Menschen in der Person der Opfer, und sie erniedrigt diese gleiche Würde bei denen, die Gewalt anwenden.

8. Die Dringlichkeit der radikalen Reformen jener Strukturen, die Elend hervorbringen und die selber Formen der Gewalt darstellen, darf nicht dazu verleiten, daß man übersieht, daß die Quelle der Ungerechtigkeit im Herzen des Menschen liegt. Soziale Veränderungen, die wirklich im Dienst des Menschen sind, wird man nur dadurch erreichen, daß man an die ethischen Fähigkeiten der Person und an die beständige innere Umkehr appelliert.[33] Denn je mehr die Menschen frei, aus eigener Initiative und solidarisch an diesen notwendigen Veränderungen mitwirken werden, desto mehr werden sie in ihrer Menschlichkeit wachsen. Die Verkehrung von Moralität und Strukturen stammt aus einer materialistischen Anthropologie, die mit der Wahrheit über den Menschen unvereinbar ist.

9. Es ist daher gleichfalls eine tödliche Illusion zu glauben, neue Strukturen brächten von sich aus einen „neuen Menschen“ hervor, im Sinne der Wahrheit über den Menschen. Der Christ kann nicht verkennen, daß der uns verliehene Heilige Geist die Quelle jeder wahren Neuheit ist und daß Gott der Herr der Geschichte ist.

10. Ebenso ist der Umsturz von Ungerechtigkeit erzeugenden Strukturen durch die revolutionäre Gewalt nicht *ipso facto* der Beginn der Errichtung einer gerechten Herrschaft. Eines der wichtigsten Fakten unserer Zeit muß alle, die ehrlich die Befreiung ihrer Brüder wollen, zum Nachdenken anregen. Millionen unserer Zeitgenossen sehnen sich legitimerweise danach, die grundlegenden Freiheiten wiederzuerlangen, deren sie durch to-

talitäre und atheistische Regierungsformen beraubt wurden, die auf revolutionärem und gewalttätigem Weg die Macht an sich gerissen haben, und dies im Namen der Befreiung des Volkes. Man kann diese Schande unserer Zeit nicht übersehen: Ganze Nationen werden unter menschenunwürdigen Bedingungen in Knechtschaft gehalten, während gleichzeitig behauptet wird, man bringe ihnen die Freiheit. Diejenigen, die, vielleicht unbewußt, sich zum Verbündeten solcher Unterdrückung machen, verraten die Armen, denen sie zu dienen behaupten.

11. Der Klassenkampf als Weg zu einer klassenlosen Gesellschaft ist ein Mythos, der die Reformen verhindert sowie das Elend und die Ungerechtigkeiten verschlimmert. Diejenigen, die sich von diesem Mythos faszinieren lassen, sollten die bitteren geschichtlichen Erfahrungen bedenken, zu denen dieser geführt hat. Sie sollen verstehen, das es sich nicht darum handelt, eine wirksame Form des Kampfes zugunsten der Armen auf Kosten eines Ideals aufzugeben, das wirkungslos sein wird. Es handelt sich im Gegenteil darum, sich von einem Blendwerk zu befreien, um sich auf das Evangelium und seine befreiende Kraft zu berufen.

12. Eine der Voraussetzungen für die notwendige theologische Erneuerung ist es, die *kirchliche Soziallehre* wieder zu betonen. Diese Lehre ist keineswegs abgeschlossen. Im Gegenteil, sie ist offen für alle neuen Fragen, die im Laufe der Zeit auftauchen. In dieser Hinsicht ist der Beitrag der Theologen und Denker der Dritten Welt zur Reflexion der Kirche heute unerläßlich.

13. Ebenso ist die Erfahrung derer, die direkt in der Evangelisierung und der Förderung der Armen und Unterdrückten arbeiten, für die Lehr- und Pastoralreflexion der Kirche notwendig. In diesem Sinne kann man sagen, daß gewisse Aspekte der Wahrheit von der Praxis her bewußt werden, wenn man darunter die pastorale und soziale Praxis versteht, die sich am Evangelium ausrichtet.

14. Die kirchliche Soziallehre bietet die großen ethischen Richtlinien. Damit sie aber direkt das Handeln leiten kann, braucht es

kompetente Persönlichkeiten aus Wissenschaft und Technik. Die Hirten sollen auf die Ausbildung solcher kompetenter Persönlichkeiten achten, die tief aus dem Evangelium leben. Es gehört zur ureigenen Sendung der Laien, die Gesellschaft zu formen; hier sind sie höchstpersönlich betroffen.

15. Die Thesen der „Befreiungstheologien“ werden in einer vereinfachten Form weit verbreitet in Bildungstagungen und in Basisgruppen, denen es an katechetischer und pastoraler Vorbereitung mangelt. So werden diese Thesen von hochherzigen Männern und Frauen übernommen, ohne daß ihnen ein kritisches Urteil möglich wäre.

16. Deshalb müssen die Hirten über die Qualität und den Inhalt der Katechese und der Ausbildung wachen, welche immer die *Heilsbotschaft in ihrer Ganzheit* und, in deren Rahmen, die Forderungen der wahren menschlichen Befreiung darstellen sollen.

17. In dieser ganzheitlichen Darlegung des christlichen Mysteriums wird es angebracht sein, gerade jene wesentlichen Aspekte zu betonen, die die „Befreiungstheologien“ in besonderer Weise verkennen oder ausschließen: die Transzendenz und die Ungeschuldetheit der Befreiung in Jesus Christus, der wahrer Gott und wahrer Mensch ist; die Souveränität seiner Gnade, die wahre Natur der Heilsmittel, besonders der Kirche und der Sakramente. Man wird an die wahre Bedeutung der Ethik erinnern, in der die Unterscheidung von Gut und Böse nicht relativiert werden darf, an den authentischen Sinn der Sünde, die Notwendigkeit der Bekehrung und die Universalität des Gebotes der Nächstenliebe. Man wird vor einer Politisierung der menschlichen Existenz warnen, die die Eigenart des Reiches Gottes und die Transzendenz der Person verkennt und die auf eine Sakralisierung des Politischen und eine Vereinnahmung der Volksreligiosität für revolutionäre Vorhaben hinausläuft.

18. Den Verteidigern der „Orthodoxie“ wirft man manchmal Passivität, Nachsichtigkeit und schuldhafte Mitwisserschaft gegenüber unerträglichen Situationen der Ungerechtigkeit und gegenüber politischen Regimen, die diese erhalten, vor. Wie es auch

um die Berechtigung dieses Vorwurfs stehen mag, sicher ist von allen, besonders aber von den Hirten und den Verantwortlichen, die geistliche Bekehrung, die intensive Gottes- und Nächstenliebe, der Eifer für Gerechtigkeit und Frieden, der evangelische Sinn für die Armen und die Armut gefordert. Die Sorge um die Reinheit der Lehre geht nicht ohne die Bemühung, durch ein integrales theologales Leben die Antwort eines wirksamen Zeugnisses des Dienstes am Nächsten, besonders aber am Armen und Unterdrückten, zu geben. Durch das Zeugnis ihrer dynamischen und konstruktiven Fähigkeit zu lieben werden die Christen so die Grundlagen jener „Zivilisation der Liebe" legen, von der, nach Paul VI., auch die Konferenz von Puebla gesprochen hat.[34] Im übrigen gibt es zahlreiche Priester, Ordensleute und Laien, die sich in wahrhaft evangelischem Geist der Bildung einer gerechten Gesellschaft widmen.

Abschluß

Die Worte Pauls VI. in seinem *Credo des Gottesvolkes* sprechen in großer Klarheit den Glauben der Kirche aus, von dem man sich nicht entfernen darf, ohne Gefahr zu laufen, nicht nur geistlich Schiffbruch zu erleiden, sondern auch neues Elend und neue Knechtschaften zu verursachen.

„Wir bekennen, daß Gottes Reich hier auf Erden in der Kirche Christi seinen Anfang nimmt und nicht von dieser Welt ist, deren Antlitz ja vergeht, und daß das Wachstum der Kirche nicht mit dem Fortschritt der Zivilisation, der Wissenschaft und Technik des Menschen gleichgesetzt werden darf, sondern daß die Kirche nur aus dem einen Grunde besteht, um immer tiefer den unergründlichen Reichtum Christi zu erkennen, immer zuversichtlicher auf die ewigen Güter zu hoffen, immer besser der Liebe Gottes zu antworten und den Menschen immer freigebiger die Güte der Gnade und Heiligkeit mitzuteilen. Ebenso ist es die Liebe, die die Kirche bewegt, sich stets um das wahre zeitliche Wohl der Menschen zu sorgen. Unablässig erinnert sie ihre Kinder daran, daß ihnen hier auf Erden keine bleibende Wohnung beschieden ist. Sie drängt sie dazu, daß jeder von ihnen, entsprechend seiner Berufung und seinen Möglichkeiten, zum Wohle seiner Gemeinschaft beiträgt, daß er Gerechtigkeit, Frieden und Brüderlichkeit unter den Menschen fördert und seinen Brüdern, vor allem den Armen und Unglücklichen, hilft. Die stete Sorge der Kirche, der Braut Christi, für die Not der Menschen, für ihre Freuden und Hoffnungen, für ihre Arbeiten und Mühen ist demnach nichts anderes als die große Sehnsucht, ihnen nahe zu sein, um sie zu erleuchten mit dem Lichte Christi und sie alle in ihm, ihrem alleinigen Heiland, zu vereinen. Diese Sorge kann niemals bedeuten, daß sich die Kirche den Dingen dieser Welt gleichförmig macht, noch kann sie die brennende Sehnsucht mindern, mit der die Kirche ihren Herrn und sein ewiges Reich erwartet."[35]

Diese Instruktion, die in der ordentlichen Versammlung dieser Kongregation verabschiedet wurde, hat Papst Johannes Paul II. in der dem unterzeichneten Kardinalpräfekten gewährten Audienz gutgeheißen und ihre Veröffentlichung angeordnet.

Gegeben am 6. August 1984, dem Fest der Verklärung des Herrn, am Sitz der Kongregation für die Glaubenslehre in Rom.

Joseph Kardinal Ratzinger
Präfekt

Alberto Bovone
Tit.-Erzbischof von Cesarea in Numidien
Sekretär

Erklärung von Los Andes

1. Die unterzeichneten Priester und Laien, Fachleute der Philosophie, der Theologie und der Sozialwissenschaften, haben sich vom 24. bis 28. Juli 1985 in der Nähe der Stadt Los Andes, Chile, am Fuß der Kordilleren, zusammengefunden. Auf Einladung der Zeitschrift *COMMUNIO* für Lateinamerika, die ihren Sitz in Santiago hat, setzten wir uns mit den Antworten auseinander, die die sogenannten Theologien der Befreiung auf die schwere Herausforderung geben, die das Elend und die Marginalität weiter Bereiche des lateinamerikanischen Volkes für das christliche Gewissen sind.

2. Die Teilnehmer an diesem internationalen Seminar sind aus verschiedenen Ländern gekommen mit großen unterschiedlichen Erfahrungen, Aufgabenstellungen und Veröffentlichungen. Der gemeinsame Nenner, der uns eint, der auch das auslösende Moment unserer Zusammenkunft bildete und der die langen Diskussionen unseres gemeinsamen Treffens bestimmte, ist im wesentlichen folgender: die unbedingte Treue zum Evangelium, wie es durch das kirchliche Lehramt festgehalten wird, ebenso zur Sozialverkündigung der Kirche und zum Inhalt der Instruktion *Libertatis nuntius,* die die Kongregation für die Glaubenslehre erlassen hat. In ihrem Licht und in der Sorge um unsere Gemeinden, insbesondere um die Ärmsten, haben wir während dieser Tage intensiv gearbeitet.

3. Das Studium dieser Instruktion des Heiligen Stuhles, wenn man sie mit der theologischen Arbeit vergleicht, auf die sich die maßgeblichen Autoren unter der Bezeichnung „Theologie der Befreiung“ bezogen haben und beziehen, läßt uns erneut zu der

Feststellung gelangen: Auch wenn unter diese Bezeichnung verschiedene Strömungen fallen, die erheblich voneinander abweichen, so handelt es sich dennoch bei den in den Kapiteln VI bis X der Instruktion beschriebenen Auffassungen keineswegs um hypothetische Konstruktionen; vielmehr finden sich in der Tat in zahlreichen Büchern, Untersuchungen und Artikeln, die in ganz Lateinamerika verbreitet sind, Aussagen, wie sie in dem Dokument und in unserem Seminar dargelegt werden.

4. Die Theologie der Befreiung, wie sie von den Autoren verstanden wird, auf die wir uns beziehen, will eine „neue Art und Weise, Theologie zu treiben", sein, nämlich aus der Sicht des „Unterdrückten", wobei als Quelle und als oberstes Kriterium der theologischen Wahrheit eine bestimmte Interpretation der Befreiungspraxis genommen wird. Von diesem Ausgangspunkt her fordert sie ein neues, wesentlich politisches Verständnis des Wortes Gottes, das die ganze christliche Existenz, den Glauben und die Theologie mit Hilfe eines politischen Schlüssels interpretieren möchte. Diese radikale Politisierung wird noch verschärft durch den unkritischen Rückgriff auf eine rationalistische Hermeneutik der Bibel, die von den Hauptkriterien der Exegese absieht, nämlich von der Tradition und vom Lehramt.

5. Wir sind überzeugt davon, daß der fundamentale Irrtum dieser Befreiungstheologie in ihrer Auffassung über die theologische Methode selbst wurzelt, das heißt in jener Methode, die die Instruktion *Libertatis nuntius* als „ein bestimmendes hermeneutisches Prinzip" (X, 2) bezeichnet, auf das wir uns soeben bezogen haben. Wir bekennen uns ohne Vorbehalte zu den beiden Kriterien für eine authentische theologische Methode, die die Kongregation für die Glaubenslehre in ihrem Schreiben vom 11. März 1985 zu einem Buch eines Befreiungstheologen genannt hat, nämlich:

a) Der Primat des gemeinsamen Erbes. Schon bevor sich der Theologe den konkreten Situationen zuwendet, verfügt er über ein „gemeinsames Erbe des einen Evangeliums, das ein für allemal der Herr unserer Treue anvertraut hat". Die erste Sorge des

Theologen muß deshalb diesem gemeinsamen Erbe gelten, das er empfangen, interpretieren, entwickeln und auf die verschiedenen geschichtlichen Situationen anwenden muß. Die Teilkirchen sind genau in dem Maße Kirchen, in dem sie zu einer bestimmten Zeit und an einem bestimmten Ort die Universalkirche verkörpern und sie vergegenwärtigen. Die wahre theologische Lehre darf sich nicht in die Grenzen einer Teilkirche einschließen lassen.

b) Die Praxis kann auf keinen Fall actus primus (Ansatz und Grundlage) oder für die theologische Reflexion begründend sein. Die Praxis und die Erfahrungen entstehen immer in einer bestimmten konkreten historischen Situation. Diese konkreten Erfahrungen können dem Theologen beim Lesen des Evangeliums helfen, um es in seiner Zeit verständlich zu machen. Voraus geht der Praxis jedoch die Wahrheit, die uns der göttliche Meister anvertraut hat. „Weder kann die Praxis die Wahrheit ersetzen, noch sie hervorbringen. Vielmehr steht sie im Dienst der Wahrheit, die uns vom Herrn anvertraut wurde." Der Glaube entsteht nicht aus der Praxis: Er erleuchtet sie und gibt ihr Orientierung. Er steht höher als die Praxis und geht ihr seinsmäßig voraus. Er ist in Wahrheit actus primus (Ansatz und Grundlage) der Theologie.

6. Wenn auch das Gesagte für jede Art von Praxis gilt, so wird die Sache noch viel problematischer im Fall bestimmter Befreiungstheologien, weil bei ihnen die „Befreiungspraxis" eindeutig im Sinne des Marxismus verstanden wird. Wir können folglich auch nicht die Tatsache verschweigen, daß einige Schlüsselpositionen des Befreiungsphänomens, wie die Instruktion im Vorwort sagt, „den Glauben und das christliche Leben zerstören", und zwar deshalb, weil sie „in ungenügend kritischer Weise ihre Zuflucht zu Konzepten nehmen, die von verschiedenen Strömungen des marxistischen Denkens gespeist sind". Das aufmerksame Studium der Ideen sowohl bei Marx als auch bei den Neomarxisten heute läßt den gewichtigen Einfluß erkennen, den sie auf diese Theologien ausgeübt haben, ebenso die unkritische Übernahme dieser Ideen in das theologisch-soziale Denken. Es handelt sich um einen theoretischen Einfluß, der – unabhängig von den subjektiven Absichten der Autoren – die wahre und vorrangi-

ge Option für die Armen in Lateinamerika verrät und der eine fundamentale Gefahr für den Glauben des Volkes Gottes heraufbeschwört.

7. Die Theologie kann und muß sich der gesicherten Erkenntnisse der Sozialwissenschaften bedienen. Jedoch kann man es einerseits nicht hinnehmen, das theologische Denken irgendeiner positiven Wissenschaft unterzuordnen; andererseits kann man der marxistischen Analyse der Gesellschaft nicht einen wissenschaftlichen Wert zuerkennen, auch nicht der dialektischen Interpretation der Geschichte, deren ideologischer Charakter offenkundig ist. Schließlich muß man die Ansicht zurückweisen, daß im Namen irgendeiner Wissenschaft das christliche Volk aufgerufen wird, in einer ausschließlich politisch-sozialen Richtung zu arbeiten, indem man ihm sein Recht auf einen legitimen Pluralismus in zeitlichen Dingen abspricht, auch dort, wo der christliche Glaube nicht eine einzige Lösung auferlegt. Diese drei Verwirrungen stehen bereits am Anfang der Befreiungstheologien, wie sie im vorausgehenden Abschnitt dargelegt wurden.

8. Wir teilen durchaus die Interpretationen der Ereignisse des Exodus und der prophetischen Verkündigungen im Alten Testament, ebenso der Verkündigung Jesu in den Evangelien, die die befreiende Macht und die Notwendigkeit der Umkehr nicht nur im individuellen, sondern auch im historisch-sozialen Bereich offenbart. Aber man würde dem Wort Gottes Gewalt antun und es willkürlich deuten, wenn man auf die Bibel Auslegungskriterien rationalistischer Herkunft anwendet und sie mit wesentlich politischen Augen sieht, wenn nicht gar sie an Klassenkriterien mißt, die die wesentlichen Ereignisse der Heilsgeschichte verzerren und sie außerhalb ihres authentischen religiös-ethischen Horizontes stellen.

9. Man zeigt uns Jesus Christus wie den *„Umstürzler von Nazareth“*, der sich dem „Klassenkampf“ in seiner Zeit absolut verschrieben hat, und man beschreibt sein Leben und seinen befreienden Tod wie denjenigen eines einfachen Märtyrers für die Sache des Volkes, der durch das herrschende jüdisch-römische *Establishment* vernichtet wurde. Ohne Zweifel will man auf diese Weise die geschichtlich-soziale Dimension des Lebens Jesu zu

einer politischen machen. Sicherlich hat sich unser Herr innerhalb des sozialen Umfeldes seiner Zeit bewegt. Aber die Vorstellung eines „historischen Jesus", der für die Armen und gegen die Reichen, verstanden als Klassen, gestorben ist, kommt nicht von der Botschaft des Neuen Testaments, sondern *a priori* von einer Dialektik des Konflikts, die dem Glauben der Kirche in fundamentalen Punkten zutiefst widerspricht. Auf der einen Seite wird das Geheimnis des Mensch gewordenen Wortes und der göttlichen Natur Christi, wenn nicht überhaupt geleugnet, so doch wenigstens so verdunkelt und entstellt, daß die Kirche in dieser Fassung den eigenen Glauben nicht mehr erkennen kann, wie er in den ersten Konzilien definiert wurde. Auf der anderen Seite wird der heilbringende Charakter des Opfertodes unseres Herrn zugunsten einer politischen Deutung des Kreuzes aufgelöst und damit der Sinn der Heilsgeschichte und der Erlösung in Frage gestellt. Das tiefe Geheimnis des Leidens und Sterbens Jesu und das unergründliche Maß der Liebe des Vaters, die sich uns darin offenbart, werden gänzlich verdunkelt, ebenso verschleiert man das Geheimnis der Sünde und der eigenen Würde des Menschen, dem die unermeßliche göttliche Liebe gilt. Nur im Licht dieser Geheimnisse, wie sie der Glaube der Kirche bekennt, versteht man den integralen Sinn der Erlösung: Christus befreit uns wesentlich von der Sklaverei der Sünde, und gerade deshalb muß seine Befreiung gleichfalls wirksam werden in der Überwindung der wirtschaftlichen, sozialen und politischen Knechtschaft, die aus der Sünde entsteht. Auf diese Weise wird die endgültige Befreiung im Reich der Himmel angekündigt, und sie ist bereits angebrochen.

10. Im Hinblick auf die Kirche müssen wir – ohne die Liebe zu den Armen zu verkennen, die einige Theologen der Befreiung hegen – mit Schmerz hinzufügen, daß wir in der Figur einer „Volkskirche", wie sie jene Theologien anbieten, nicht das Antlitz der wahren Kirche Christi erkennen können. Dieses wird nämlich verdunkelt durch den dialektischen Gegensatz, den es zwischen einer angeblichen Kirche des Volkes und einer hierarchischen und sakramentalen Kirche geben soll. Letztere wird von vornherein disqualifiziert und manchmal sogar angegriffen im Zuge einer generalisierenden Kritik, die ihr einen bürgerlich-kapitalistischen

Charakter oder eine komplizenhafte Verbindung mit Systemen der Unterdrückung anhängen möchte. Wir bekennen uns zur Gemeinschaft mit der einen und einzigen Kirche und mit ihrer ganzen Geschichte, der gegenwärtigen wie der vergangenen. Die Kirche hat kritische Phasen und dunkle Zeiten durchschritten, aber sie wurde immer belebt durch den Heiligen Geist, und sie hat sich um Treue zum Willen ihres Herrn bemüht und um die Bereitschaft zum Dienst, der die Gemeinschaft seiner Jünger prägen muß, wie dies in den vielfachen Werken der Liebe zu den Armen und zu den Notleidenden geschehen ist.

11. Der Ausdruck „vorrangige Option für die Armen", auf den Bischofskonferenzen in Medellin (1968) und Puebla (1979) verkündet, beinhaltet ein besonderes Merkmal des unverfälschten Evangeliums. Die Evangelisierung der Armen ist nämlich ein messianisches Zeichen, das auf die Befreiung von allem Elend und aller Knechtschaft der menschlichen Existenz hinweist. Diese Aussage wurde bisweilen so einseitig gedeutet und angewandt, daß die biblische Inspiration ins Gegenteil verkehrt wurde. Man verkürzt die Armut auf ihre materielle Seite und, was noch schlimmer ist, man deutet sie im Sinne einer Konfliktsoziologie. Die Armen werden also mit dem Proletariat identifiziert, gesehen aus der Optik des Klassenkampfes und einer ihm entsprechenden und unausweichlichen Parteilichkeit. Das Ergebnis ist eine theologische Reflexion und eine kirchliche Verkündigung, die sich fast ausschließlich auf sozio-ökonomische Fragen konzentriert, bisweilen mit dem bitteren Hinweis versehen, sich das zurückzuholen, was einem weggenommen worden sei, und noch häufiger werden die wesentlichen Dimensionen des Glaubens und die Grunderfahrungen der menschlichen Existenz übergangen. Wir spüren das Unbehagen vieler, die sich wegen der Verwendung einer falschen Ausdeutung der Option für die Armen in ihren religiösen Hoffnungen und Bedürfnissen im Stich gelassen und verkannt vorkommen. Wir sehen auch, wie eine verkürzende Verkündigung ein religiöses Vakuum schafft, das häufig von den Sekten besetzt wird.

12. Die Wahrheit, wenn sie mit der Praxis identifiziert wird, und die praktische Gleichsetzung von christlichem Heil und sozio-politischer Befreiung setzt einen historischen Monismus voraus

(vgl. Instruktion IX, 3), aus dem eine verkürzte Anthropologie und ein politischer Totalitarismus hervorgehen, welch letzterer um so problematischer ist, je mehr er sakralisiert wird. Der christliche Glaube offenbart uns die göttliche Berufung des Menschen und als Konsequenz den tiefen Sinn der Geschichte und der gesamten Situation des Menschen. Die kirchliche Verkündigung muß deshalb helfen bei der Beurteilung alles dessen, was in bezug auf Gott geschieht, und sie muß zum Handeln bewegen, das wirksam in die Geschichte eingreift. Gleichzeitig muß man betonen, daß sich die menschliche Existenz nicht auf politische Dimensionen verkürzen läßt und auch nicht in der Politik ihre bestimmende Achse hat, sondern in der Beziehung zu Gott. Diese Wirklichkeit muß verkündet werden mit ganzer Klarheit, weil davon die Verteidigung der transzendenten Berufung der menschlichen Person und die Bejahung ihrer Freiheit abhängen.

13. In unserer Diskussion haben wir uns um Treue zur Wahrheit bemüht in der Absicht, die Glaubenslehre und im besonderen die Liebe zu den Armen vor jeder Ideologisierung zu bewahren. Wir widersetzen uns jeder wirtschaftlichen, sozialen, kulturellen oder politischen Praxis, die gegen die berechtigten Hoffnungen auf Freiheit und Gerechtigkeit verstößt (Instruktion I und II). Wir halten es für unabdingbar und setzen uns voll dafür ein, damit jedwede Interpretation vermieden wird, die aus sich heraus eher zur Verkümmerung denn zur Verwirklichung von Freiheit und Gerechtigkeit führt. Wir sind sicher, daß die „tiefgreifenden ideologischen Abweichungen", die die Instruktion des Heiligen Stuhls in einigen Theologien anprangert, „unabdingbar dazu führen, die Sache der Armen zu verraten" (Instruktion, Vorwort). In Gemeinschaft mit der Hierarchie der Kirche bekennen wir, daß die authentische Befreiung jene ist, die sich gründet auf „die Wahrheit über Jesus Christus, den Erlöser, die Wahrheit über die Kirche und die Wahrheit über den Menschen" (Instruktion XI, 5), und daß diese Befreiung im Kontext der beständigen, dynamischen und erneuernden Lehre der Kirche und im besonderen ihrer Sozialverkündigung verstanden werden muß.

14. Einige Theologen der Befreiung behaupten, daß die Soziallehre der Kirche kein geeignetes Instrument sei, um die Armut und

das Elend der Menschen in Lateinamerika zu überwinden. Ein solches Instrument sei einzig die marxistische Analyse der Geschichte. Wir stellen im Gegenteil fest, daß die Soziallehre Grundsätze bietet, die geeignet sind, in wirksamer Weise eine Gesellschaft in Gerechtigkeit und Solidarität aufzubauen. Die angemessene Lösung der aktuellen Probleme in Lateinamerika kann nicht vermittels vereinfachender Rezepte erreicht werden, die aus der marxistischen Ideologie abgeleitet sind, sondern nur durch kraftvolle Initiativen, die auf sorgfältigen Analysen der vielfältigen Ursachen der Armut so vieler Menschen und Familien beruhen. Diese Analysen können fruchtbar sein, wenn sie vom christlichen Verständnis des Menschen – das eigentliche Fundament einer gerechten Sozialordnung – erleuchtet und an den Kriterien, Wahrheiten und Erfahrungen orientiert sind, die in der Soziallehre der Kirche enthalten sind. Außerordentlich reich und immer weiter ausbaufähig – das ist die Soziallehre der Kirche. Besondere Bedeutung kommt der Ethik der Arbeit, der Ethik der Produktionsverhältnisse und der Ethik der Verteilung der Güter und Dienste an alle Menschen in der Gesellschaft zu.

15. Die authentische Theologie muß von der frohen und bewegenden Wahrheit erfüllt sein: Das, worum es in der geschichtlichen Existenz geht, ist das ewige Leben. Die eigentliche und umfassende Befreiung des Menschen geschieht nämlich erst bei der Vollendung des Reiches der Himmel, in der Anschauung Gottes von Angesicht zu Angesicht, wozu wir alle gerufen sind. Diese Wahrheit, weit davon entfernt, die Unterdrückung zu rechtfertigen, ist geradezu ihre Verdammung, wie es im Schicksal des reichen Prassers offenkundig wird. Sie ist weit davon entfernt, eine Flucht aus den irdischen Wirklichkeiten zu provozieren, vielmehr ein ungeheurer Anstoß für die Befreiung aus aller wirtschaftlichen, sozialen, politischen und kulturellen Knechtschaft unserer Völker, weil nur in dieser Wahrheit die höchste Würde des Menschen aufleuchtet, geschaffen als Bild Gottes und berufen zur Kindschaft Gottes. Nur diese Wahrheit begründet das sittliche Sollen, das bewirkt, daß der Mensch niemals als eine Art Objekt der Macht, der Interessen oder irgendeiner Ideologie betrachtet wird.

16. Eine wahrhafte Theologie der Befreiung setzt voraus die Wirklichkeit der Versöhnung des Menschen mit Gott, mit sich selbst, mit den anderen und mit der ganzen Schöpfung, wie es in der Apostolischen Exhortation *Reconciliatio et Poenitentia* sowie in den Aussagen des Konzils und der Päpste gelehrt wird. Hier finden wir eine klare Lehre über die Inhalte und Werte der Befreiung aus der Knechtschaft, die ihre Wurzeln in der Sünde hat, und der Befreiung, die die Erfüllung des Menschen in seiner Begegnung mit Gott sieht. Hier werden wir daran erinnert, daß es keine wahre Befreiung ohne Versöhnung gibt und keine wahre Versöhnung ohne den Einsatz für die Befreiung. In diesem Sinne suchen wir den Dialog zu verstärken als Dienst an der Einheit der Kirche.

Die Teilnehmer an diesem Seminar machen sich für das abschließende Wort der Instruktion *Libertatis nuntius* stark. Sie laden alle Christen ein, die Herausforderung zu erkennen, die Gott selbst uns schickt, in Anbetracht der dramatischen Situation in unserem lateinamerikanischen Kontinent heute, und darauf hochherzig zu antworten in der Nachfolge Christi, in der Hoffnung auf die Zusage des Heiligen Geistes und im Vertrauen auf den mütterlichen Schutz Mariens.

Unterzeichner *in alphabetischer Reihenfolge:*

Humberto Belli, Direktor des „Puebla Institute" USA, früher Mitherausgeber der Zeitung „La Prensa" in Managua/Nicaragua

Estevenao Betancourt OSB, Sekretär der Zeitschrift COMMUNIO für Brasilien, Rio de Janeiro

George Cottier OP, Professor an der Universität Genf, Schweiz, Mitglied der Redaktion von COMMUNIO in Frankreich

Bruno Dessi (aus Frankreich), Santiago, Chile

Danilo Eterovic (aus Bolivien), Professor für Wirtschaft in Arequipa, Peru

François Francou SJ (aus Frankreich), Professor des Instituts ILADES, Santiago, Mitglied des Rates von COMMUNIO

Joaquin Garcia-Huidobro, Rechtsanwalt und Wissenschaftler für politische Philosophie, Valparaiso, Chile

Alfredo Garland, Lima, Peru

José M. Ibanez Langlois, Professor der Philosophie, Katholische Universität, Santiago, Chile

José Luis Illanes, Professor der Dogmatik, Dekan der Theologischen Fakultät der Universität Navarra, Spanien

Bonaventura Kloppenburg OFM, Weihbischof in Salvador, Brasilien, Mitglied der Internationalen Theologenkommission (früher Professor für Dogmatik in Petropolis, Brasilien)

Fintan Lawless (aus Irland), Santiago, Chile

Kardinal Alfonso López Trujillo, Erzbischof von Medellín, Kolumbien

Carlos Martínez F., Herausgeber der Zeitschrift COMMUNIO für Lateinamerika, Santiago, Chile

Jorge Medina E., Weihbischof von Rancagua, Vizegroßkanzler der Katholischen Universität, Santiago, Mitglied der Internationalen Theologenkommission, Chile

Antonio Moreno, Professor für Exegese an der Katholischen Universität in Santiago, Chile, Mitglied der Päpstlichen Bibelkommission, Mitglied des Rates der Zeitschrift COMMUNIO für Lateinamerika

Ernesto Moreno, Santiago, Chile

Fernando Moreno, Direktor der Zeitschrift COMMUNIO für Lateinamerika, Santiago, Professor für Philosophie an der Katholischen Universität, Santiago, Chile

Juan Oses, Santiago, Chile

Anton Rauscher SJ, Professor für Christliche Gesellschaftslehre an der Universität Augsburg, Direktor der Katholischen Sozialwissenschaftlichen Zentralstelle in Mönchengladbach, Bundesrepublik Deutschland

Miguel Salazar, Lima, Peru

M. Angel Salgado, Santiago, Chile

Gonzalo Sanchez, Professor an der staatlichen Universität Santiago de Chile

Fernando Vargas, Erzbischof von Arequipa, Peru

(Übersetzung aus dem spanischen Originaltext)

Bemerkungen zum Internationalen Seminar in Los Andes

Das Internationale Seminar in Los Andes, zu dem die Zeitschrift COMMUNIO für Lateinamerika mit Sitz in Santiago, Chile, eingeladen hatte, befaßte sich mit dem Studium und der Analyse des Schrifttums der auch international bekannt gewordenen Theologen der Befreiung. Das Seminar setzte sich auch mit der Frage auseinander, ob sich die in der Instruktion der Kongregation für die Glaubenslehre vom 6. August 1984 vorgelegte Kritik gegen hypothetische Positionen richtet oder ob sie Auffassungen, und zwar wesentliche Auffassungen und Positionen der Befreiungstheologen trifft. Das Echo auf die Instruktion war nämlich von der Neigung bestimmt, die darin genannten Irrtümer, die sich aus der Übernahme von Auffassungen marxistischer Strömungen ergeben, seien entweder für die Befreiungstheologen gar nicht „wesentlich" oder mit dem katholischen Glauben durchaus vereinbar.

Die Vorträge befaßten sich mit fünf Schwerpunkten im Schrifttum der Befreiungstheologien: Hermeneutik, Exegese, Christologie, Ekklesiologie und Soziallehre der Kirche. Die Referate stützten sich auf umfangreiche ausgearbeitete Manuskripte, die den steten Bezug auf die Werke der Befreiungstheologen ausweisen. Die Übernahme von Elementen der marxistischen Analyse wirkt sich auf den Glauben und auf die Kirche aus. Was die Sozialverkündigung der Kirche angeht, so fand die Frage großes Interesse, warum die marxistische Analyse, wie dies auch von der Erfahrung bestätigt wird, die Hoffnungen gar nicht einlösen kann, die ihre Befürworter damit verbinden, nämlich die Überwindung von Armut und Elend der Menschen und Völker in Lateinamerika. Im Hinblick auf dieses Ziel bietet zwar auch die Soziallehre der Kirche keine Patentrezepte, aber sie kann den Weg zu einer gerechten und solidarischen Gesellschaft weisen. Am Ende des Internationalen Seminars beschlossen die Teilnehmer, eine Erklärung zu verabschieden. Der Entwurf der Erklärung, die auf den gehaltenen Referaten beruht, wurde von einer Redaktionskommission erstellt, vom Plenum intensiv beraten und einstimmig verabschiedet. Die Referate sollen so bald als möglich in spanischer Sprache veröffentlicht werden. Auch eine deutsche Ausgabe wurde angekündigt.

Anton Rauscher

Teilnehmerliste
Kirche/Wirtschaft – Studiengespräch 1985

Dr. Walter **Allgaier,** München
Pressesprecher des Landeskirchenamtes der Evang.-Luth. Kirche in Bayern

Dr. Jürgen **Aretz,** Bonn
Zentralstelle Weltkirche der Deutschen Bischofskonferenz

Dr. Dieter W. **Benecke,** St. Augustin
Internationales Institut der Konrad-Adenauer-Stiftung e. V.

Prof. Dr. Josef-Hermann **Bernhard,** Düsseldorf
Fachhochschule Düsseldorf, Gilde Katholischer Ingenieure Deutschlands

Msgr. Paul **Bocklet,** Bonn
Leiter des Kommissariates der Deutschen Bischöfe, Katholisches Büro

Dr. Doris **Böggemann,** Münster
Institut für Christliche Sozialwissenschaften der Universität Münster

Arnulf **Borsche,** Frankfurt
Nestlé-Gruppe Deutschland GmbH

Dr. Hermann **Boventer,** Bergisch Gladbach
Journalist

Dr. Aloys Joh. **Buch,** Bonn
Geschäftsführer des Cusanuswerkes

Dipl.-Pol. Manfred **Bunte,** Düsseldorf
Mitglied der Geschäftsführung des Bildungswerks der Nordrhein-Westfälischen Wirtschaft

Dr. Werner **Cordes,** Hagen
Vorstandsmitglied des Bundes Katholischer Unternehmer (BKU)

Prof. Uwe **Dahlke,** Kassel
Gesamthochschule Kassel

Martin Eson **Ecker,** Düsseldorf
Geschäftsführer des Wirtschaftsverbandes Eisen, Blech und Metallverarbeitende Industrie e. V.

Dr. jur. Wolfgang **Eichler,** Murnau
Mitglied des Vorstandes des Arbeitskreises Evangelischer Unternehmer (AEU), Mitglied des Arbeitskreises Kirche/Wirtschaft der Bundesvereinigung der Deutschen Arbeitgeberverbände

Dr. Jürgen **Em,** Köln
Geschäftsführer des Arbeitskreises Kirche/Wirtschaft der Bundesvereinigung der Deutschen Arbeitgeberverbände

Birgit **Engelhardt,** Frankfurt
Verband der Chemischen Industrie e. V., Abteilung Handelspolitik und Verkehr

Jakob **Esser,** Köln
Bundesverband der Deutschen Industrie

Otto **Esser,** Köln
Präsident der Bundesvereinigung der Deutschen Arbeitgeberverbände

Prof. Dr. Gerhard **Fels,** Köln
Mitglied des Präsidiums und Direktor des Instituts der deutschen Wirtschaft (IW)

Cornelius G. **Fetsch,** Düsseldorf
Vorsitzender des Bundes Katholischer Unternehmer (BKU)

Dr. Karl-Heinz **Freitag,** Köln
Bundesverband der Deutschen Industrie

Prof. Dr.-Ing. Edmund **Gassner,** Bonn
Vorstandsmitglied der Gilde Katholischer Ingenieure Deutschlands (GKID)

Renate **Gebetsberger,** Wien
Leiterin des Arbeitsbereiches Wirtschaft und Medien der Österreichischen Volkswirtschaftlichen Gesellschaft

Ursula von **Haeften,** München
Mitglied der Geschäftsführung des Bildungswerks der Bayerischen Wirtschaft

Dr. Bernard **Heckenbücker,** Meckenheim
Vize-Präsident der Gilde Katholischer Ingenieure Deutschlands

Dr. Heinz-Joachim **Held,** Genf/Frankfurt
Moderator der Zentralstelle des Ökumenischen Rates der Kirchen, Präsident des Kirchenamtes der Evangelischen Kirche Deutschlands

Hans-Gerd **Hellmers,** Berlin
Geschäftsführer des Bundesverbandes Evangelischer Arbeitnehmer e. V. (B.E.A.)

Dieter **Herbertz,** Düsseldorf
Geschäftsführer der Katholischen Arbeitsgemeinschaft für Jugendsozialarbeit

Dr. Fritz-Heinz **Himmelreich,** Köln
Stellv. Hauptgeschäftsführer der Bundesvereinigung der Deutschen Arbeitgeberverbände

S. Em. Joseph Kardinal **Höffner,** Köln
Erzbischof von Köln, Vorsitzender der Deutschen Bischofskonferenz

Dr. Dr. Karl **Homann,** Münster
Institut für Genossenschaftswesen an der Universität Münster

Prof. Dr. Martin **Honecker,** Bonn
Ordinarius für Systematische Theologie und Sozialethik an der Evangelisch-Theologischen Fakultät der Universität Bonn

Dr. Paul **Hoffacker** MdB, Bonn
Zentralvorsitzender des Kolpingwerkes

Prof. Dr. Alois **Huning,** Wülfrath
Gilde Katholischer Ingenieure Deutschlands

Otto **Jung,** Bergisch Gladbach
Mitglied der Präsidialsversammlung Evangelischer Kirchentag

Prof. Dr. Heinz Josef **Kiefer,** Essen
Vorsitzender des Vorstandes des Ruhrinstituts für gesellschaftspolitische Forschung und Bildung e. V.

Prof. DDDr. Alfred **Klose,** Wien
Rechtskonsulent der Bundeswirtschaftskammer

MinRat Dr. Willi **Knapp,** Bonn
Presse- und Informationsamt der Bundesregierung

Dr. Bernhard **Koch,** Bonn
Generalsekretär des Christlichen Gewerkschaftsbundes (CGB)

Dr. Dietrich **Koehler** und Frau Madeleine **Koehler,** Frankfurt
Stellv. Hauptgeschäftsführer des Verbandes der Chemischen Industrie e. V.

Prof. Dr. Wim **Kösters,** Münster
Institut für Wirtschafts- und Sozialwissenschaften der Universität Münster

Dr. Dieter **Kraeter,** München
Stellv. Leiter der Informationszentrale der Bayerischen Wirtschaft

Dr. Wolfgang **Kramer,** Köln
Leiter des Referates Politik und Praxis der Erwachsenenbildung des Instituts der deutschen Wirtschaft (IW)

Hannes **Kreller,** Essen
Bundesleiter der Christlichen Arbeiterjugend (CAJ)

Direktorin Brunhild **Krienke,** Niedernhausen
Vorsitzende der Arbeitsgemeinschaft katholischer Bildungswerke

Arno **Krüger,** Köln
Geschäftsführer der Walter-Raymond-Stiftung

Bischof D. Dr. Hermann **Kunst** D.D., Bonn

Dr. Werner **Kuster,** Zürich
Geschäftsführer des Schweizer Gesprächskreises Kirche–Wirtschaft

Hermann **Laubach,** Düsseldorf
Katholische Arbeitsgemeinschaft für Jugendsozialarbeit

Dr. Klaus **Lefringhausen,** Bonn
Leiter der Evangelischen Geschäftsstelle für das Programm der Kirchen: Entwicklung als internationale soziale Frage

Horst **Leichtenberger,** Dortmund
Stellv. Vorsitzender des Bundesverbandes Evangelischer Arbeitnehmer in der Bundesrepublik Deutschland (B.E.A.)

Dr. Manfred **Lennings,** Düsseldorf
Präsident des Instituts der deutschen Wirtschaft (IW)

Frauke **Lill-Roemer,** Köln
Geschäftsführerin und Cheflektorin im Deutschen Instituts Verlag

Jürgen **Liminski,** Bonn
Redaktion „Die Welt"

Dipl.-Pol. Hermann **Linke,** Köln
Bundesvereinigung der Deutschen Arbeitgeberverbände

Dr. Heyko **Linnemann,** Hannover
Deutsche Bank AG, Mitglied des Arbeitskreises Kirche/Wirtschaft der Bundesvereinigung der Deutschen Arbeitgeberverbände

Peter-Jürgen **Lüders,** München
Siemens AG

Domvikar Msgr. Manfred **Melzer,** Köln
Erzbischöflicher Sekretär des Erzbistums Köln

Friedrich **Müller,** Erlangen
Mitglied des Vorstandes des Bundes Katholischer Unternehmer e. V. (BKU)

Heinz **Müller,** Essen
Bundesvorstandsvorsitzender des Bundesverbandes der Katholiken in Wirtschaft und Verwaltung e. V. (KKV)

Dr. jur. Helmut **Müller,** Marburg
Erster Vorsitzender des Arbeitskreises Evangelischer Unternehmer (AEU)

Dr. Rolf **Murmann,** Kiel
Geschäftsführender Gesellschafter der Zöllner GmbH, Mitglied des Arbeitskreises Kirche/Wirtschaft der Bundesvereinigung der Deutschen Arbeitgeberverbände

Dr. Thomas **Niewodniczanski,** Bitburg
Geschäftsführer der Bitburger Brauerei Th. Simon, Mitglied des Arbeitskreises Kirche/Wirtschaft der Bundesvereinigung der Deutschen Arbeitgeberverbände

Prof. Dr. Wolfgang **Ockenfels,** Trier
Theologische Fakultät der Universität Trier

Josef **Oelinger,** Mönchengladbach
Wissenschaftlicher Referent der Katholischen Sozialwissenschaftlichen Zentralstelle

Erwin **Ortmann,** Köln
Pressesprecher des Bundesverbandes Evangelischer Arbeitnehmer e. V. (B.E.A.)

RA Conrad **Paetz,** Düsseldorf
Stellv. Vorsitzender des Bundesverbandes Evangelischer Arbeitnehmer (B.E.A.)

Dr. Karl **Panzer,** Köln
Leiter der Kirchenpolitischen Abteilung des Erzbischöflichen Generalvikariates Köln

Msgr. Dr. Helmut Josef **Patt,** Bonn
Geistlicher Direktor der Katholischen Akademikerarbeit Deutschlands

Pater Germa **Pawelletz,** Köln
Katholische Arbeitnehmer-Bewegung Westdeutschland

Hanns-Peter **Pestel,** Erkrath
Verband Christlicher Kaufleute

Dipl.-Volksw. Ansgar **Pieper,** Köln
Forschungsgruppe VERDIS im Institut der deutschen Wirtschaft (IW)

Ernst-H. **Plesser,** Königstein
Mitglied des Gesprächskreises Kirche/Wirtschaft des Kommissariates der deutschen Bischöfe und des Instituts der deutschen Wirtschaft (IW)

Antonius **Poggel,** Köln
Geschäftsführer der Katholischen Elternschaft Deutschlands (KED)

Gesandter DDr. Robert **Prantner,** Hinterbrühl/Österreich
Dozent für Ethik und Gesellschaftslehre an der Philosophisch-Theologischen Hochschule Stift Heiligenkreuz

Dr. Liesel **Quambusch,** Köln
Bundesverband der Deutschen Industrie

Dr. Joachim **Reichling,** Frankfurt
Geschäftsführer des Bildungswerkes der Hessischen Wirtschaft e. V.

Prof. Dr. Hermann **Sautter,** Frankfurt
Lehrstuhl für Volkswirtschaftslehre – insbesondere Außenwirtschaft und Ökonomie an der Universität Frankfurt

Msgr. Wilhelm **Schätzler,** Bonn
Sekretär der Deutschen Bischofskonferenz

Dr. Winfried **Schlaffke,** Köln
Geschäftsführer und Leiter der Hauptabteilung Bildung und Gesellschaftswissenschaften des Instituts der deutschen Wirtschaft (IW)

Hermann-Josef **Schepers,** Oberhausen
Gilde Katholischer Ingenieure Deutschlands (GKID)

Annelies **Schmetz,** Herzogenrath
Geschäftsführerin der Ferd. Schmetz GmbH

Dr. Klaus **Schmidt,** Frankfurt
Gesamtverband der Textilindustrie – Arbeitgeberkreis Gesamttextil –

Dr. Wolfgang **Schmitz,** Wien
Österreichischer Finanzminister a. D., Präsident a. D. der Österreichischen Nationalbank, Bundeswirtschaftskammer Wien

Klaus **Schneider,** Essen
Rheinisch-Westfälisches Elektrizitätswerk AG, Abt. Öffentlichkeitsarbeit und Information

Dipl.-Kfm. Josef W. **Schnepper,** Köln
Vorstandsmitglied der Gilde Katholischer Ingenieure Deutschlands, Projektleiter bei der DEG Deutsche Finanzierungsgesellschaft für Beteiligungen in Entwicklungsländern GmbH

Günther **Schrof,** Wuppertal
Geschäftsführer der Arbeitgeberverbände Wuppertal e. V.

Dr. Wim **Schulte,** Hamm
Geschäftsführer des Bildungswerkes Westfalen-Mitte e. V.

Dr. Helmut **Schwesinger,** Hamburg
Ehem. Vorstand der Deutsche Shell AG, Mitglied des Arbeitskreises Kirche/Wirtschaft der Bundesvereinigung der Deutschen Arbeitgeberverbände

Andreas **Seiverth,** Offenbach
Bundesgeschäftsführer der Männerarbeit der Evangelischen Kirche in Deutschland (EKD)

Dipl. theol. Michael **Spangenberger,** Köln
Leiter des Referates Kirche/Wirtschaft des Instituts der deutschen Wirtschaft (IW)

Prof. Dr. Manfred **Spieker,** Osnabrück
Ordinarius für christliche Gesellschaftslehre an der Universität Osnabrück

Dipl.-Ing. Gerald **Stein,** Essen
Präsident des Secrétariat International des Ingénieurs, des Agronomes et des Cadres Économiques Catholiques (SIIAEC), Mitglied der Gilde Katholischer Ingenieure Deutschlands

Karl J. **Steinmayr,** Oberhausen
Vorstandsmitglied der Gilde Katholischer Ingenieure Deutschlands (GKID)

Dr. Johannes **Stemmler,** Köln
Geschäftsführer des Bundes Katholischer Unternehmer e. V. (BKU)

Heinz **Teichner,** Frankfurt
Geschäftsführer des Bundesverbandes der Pharmazeutischen Industrie e. V.

Johannes **Tessmer,** Bonn
Geschäftsführer der Arbeitsgemeinschaft katholisch-sozialer Bildungswerke (AKSB)

Dr. Johannes **Tietmeyer,** Bonn
Staatssekretär im Bundesministerium der Finanzen

Prof. Dr. Dipl.-Ing. Peter **Treier,** Wuppertal
Gesamthochschule Wuppertal, Vizepräsident der Gilde Katholischer Ingenieure Deutschlands

Franz Josef **Trost,** Kirchzarten
Journalist

Dr. Thomas **Vajna,** Köln
Leiter der Hauptabteilung Publizistik des Instituts der deutschen Wirtschaft (IW)

Karl-Wilhelm **Veuhoff,** Borken
Regionalconventspräsident Rhein-Wupper-Ruhr Technischer Cartell-Verband (TCV)

RA Rüdiger **von Voss,** Bonn
Bundesgeschäftsführer des Wirtschaftsrates der CDU e. V.

Dr. Otto **Walterspiel,** Kassel
Vorsitzender des Vorstandes der Kali und Salz AG, Vorsitzender des Arbeitskreises Kirche/Wirtschaft der Bundesvereinigung der Deutschen Arbeitgeberverbände

Tyll **Weber,** Ispra
Gilde Katholischer Ingenieure Deutschlands

Klaus **Weigelt,** Wesseling
Leiter der Politischen Akademie der Konrad-Adenauer-Stiftung e. V.

Dr. Joachim **Wiemeyer,** Münster
Institut für Genossenschaftswesen an der Universität Münster

OKR Klaus **Wilkens,** Hannover
Kirchenamt der Evangelischen Kirche Deutschlands – Kirchlicher Entwicklungsdienst –

Assessor Norbert **Wilkens,** Aachen
Stellv. Geschäftsführer der Vereinigung der Unternehmerverbände im Aachener Industriegebiet e. V.

Hubertus **Wüpken,** Bonn
Zentralkomitee der deutschen Katholiken

Gertrud **Zellekens,** Köln
Presseamt des Erzbistums Köln

Dr. Joachim **Zimmermann,** Köln
Katholische Arbeitnehmer-Bewegung Westdeutschland

Anmerkungen

Zu Joseph Kardinal Höffner: „Das Verhältnis der Theologien der Befreiung zur katholischen Soziallehre"

[1] A. Franz, Drei deutsche Minoritenprediger aus dem 13. und 14. Jahrhundert, Freiburg im Breisgau 1907, Seite 88 f.

[2] De restitutione et contractibus, Ingoldstadt 1481, p. 194, 222.

[3] Com. in totam II. II., qu. 77, a.1.

[4] Peter Franz Reichensperger, Die Agrarfrage. Trier 1847, Seite 199 f.

[5] Ebenda, Seite 245 f.

[6] Der Katholik, Band 10 (1823), Seite 57 f.

[7] Historisch-politische Blätter, Band 1 (1838), Seite 150.

[8] Ebenda, Band 19 (1847), Seite 522 f.

[9] Ebenda, Band 25 (1850), Seite 794.

[10] Ebenda, Band 19 (1847), Seite 141.

[11] Ebenda, Band 19 (1847), Seite 760, 765 f.

[12] Vgl. Joseph Höffner, Adolph Kolping – Diakon des arbeitenden Volkes, in: „Die Großen Deutschen", Berlin 1958.

[13] Leonardo Boff, Kirche: Charisma und Macht. 3. Auflage, Düsseldorf 1985, Seite 139, 140, 144.

[14] Lumen gentium, 8.

[15] Clodovis Boff, Die kirchliche Soziallehre und die Theologie der Befreiung. In: Concilium, 1981, Seite 755 f., 766 bis 778.

[16] Text in: Predigten und Ansprachen von Papst Johannes Paul II. bei seiner Reise in die Dominikanische Republik und nach Mexiko. Herausgegeben vom Sekretariat der Deutschen Bischofskonferenz, Bonn 1979, Seite 65.

[17] Text in: Predigten und Ansprachen von Papst Johannes Paul II. bei seiner Apostolischen Reise nach Brasilien, Bonn 1980, Seite 53.

[18] Enzyklika „Populorum progressio" Nr. 11.

[19] Gaudium et spes, 71.

[20] Vgl. Fe Christiana y Cambio Social, Sigueme 1973, Seite 234.

[21] Gustavo Gutiérrez, Revelacion y anuncio de Dios en la historia. In: Pastoral Popular Nr. 146 (Oktober bis Dezember 1976), S. 41 f.

[22] Leonardo Boff, Die Neuentdeckung der Kirche, Seite 74.

[23] Bonaventura Kloppenburg, Kirche nur der Armen? In: Deutsch-Brasilianische Hefte, 1984, Seite 18.

[24] Leonardo Boff, Die Neuentdeckung der Kirche, Seite 71.

[25] M. Terentii Varronis Rerum Rusticarum libri tres, Barcelona 1928, Seite 29.

[26] Gregor von Nyssa, In Ecclesiasten. Hom IV. Migne PG 44/664/665.

[27] Vgl. Joseph Höffner, Kolonialismus und Evangelium. 3. Auflage, Trier 1972, Seite 74 ff.

[28] Zitiert bei: Alfonso Lopez Trujillo, Die ideologischen Voraussetzungen und Implikationen der Befreiungstheologie. In: Christlicher Glaube und gesellschaftliche Praxis. Aschaffenburg 1978, Seite 202.

[29] Predigten und Ansprachen von Papst Johannes Paul II. bei seiner Apostolischen Reise nach Brasilien, Seite 53.

[30] Ebenda, Seite 42.

[31] Leonardo Boff, Die Neuentdeckung der Kirche, Seite 67.

[32] Karl Marx, Zur Kritik der Hegelschen Rechtsphilosophie, in: Frühschriften, Stuttgart 1953, Seite 222 f.

[33] Karl Marx/Friedrich Engels, Briefwechsel, Bd. IV, Berlin 1950, Seite 570.

[34] Text in: Predigten und Ansprachen von Papst Johannes Paul II. bei seiner Apostolischen Reise nach Brasilien, Seite 54.

[35] Leonardo Boff, Die Neuentdeckung der Kirche, Seite 65.

[36] Ebenda, Seite 66.

[37] In: Fe Cristiana y actuacion politica, Nr. 75.

[38] Zweites Vatikanisches Konzil, Lumen gentium, 32.

[39] Predigten und Ansprachen von Papst Johannes Paul II. bei seiner Apostolischen Reise nach Brasilien, Seite 54.

[40] Leonardo Boff, Die Neuentdeckung der Kirche, Seite 10, 26, 69.

[41] Gonzalo Arroyo SJ, Significado y Sentido de Cristianos por el Socialismo, Verlag Verbo Divino 1975, Seite 385.

[42] Leonardo Boff (siehe Anm. 40), Seite 68, 71.

[43] Predigten und Ansprachen von Papst Johannes Paul II. bei seiner Apostolischen Reise nach Brasilien, Seite 55.

[44] Zitiert: Carlos Corsi, Nicaragua y América Central. In: Tierra nueva (1982), Seite 55 f.

[45] Ebenda, Seite 71, 73.

[46] Siehe: Liberacion, Diàlogos en el CELAM, Seite 260 f.

[47] Clodovis Boff, Die kirchliche Soziallehre und die Theologie der Befreiung, Seite 777.

[48] Cristianos por el Socialismo, Verlag Verbo Divino, Nr. 42.

[49] Karl Marx, Das Kapital, Band 1, Seite 803.

[50] Das Kapital I. Neudruck, Berlin 1947, Seite 386, 483, 657.

[51] Karl Marx, Zur Kritik der politischen Ökonomie (1859), Seite 13 f.

[52] Karl Marx, Frühschriften, Seite 497 f.

[53] Diskussionsbeitrag Max Webers auf dem ersten Deutschen Soziologentag in Tübingen 1911, Seite 164.

[54] Ernst Troeltsch, Die Soziallehren der christlichen Kirchen und Gruppen, 2. Aufl. Tübingen 1919, Seite 975 ff.

[55] Leonardo Boff, Die Neuentdeckung der Kirche, Seite 57 bis 60.

[56] Zitiert in: Informationsdienst des katholischen Arbeitskreises für zeitgeschichtliche Fragen. 1984, Nr. 128, Seite 28.

[57] Thomas von Aquin, Summa Theologica I, 114, 2c. – Thomas macht darauf aufmerksam, daß Menschen, die fremder Herrschaft unterstehen, leicht „umgeschult" werden können („de facili . . . immutari possunt"), wenn sie nicht „von hoher Tugend" erfüllt sind (II. II. qu. 10, art 10c).

[58] Theologie der Befreiung, Seite 336.

[59] Ebenda, Seite 264.

[60] Leonardo Boff, Die Neuentdeckung der Kirche, Seite 63.

[61] Leonardo Boff, Per que es hacer teologia deste America Latina, Manuskript Seite 8.

[62] Predigten und Ansprachen von Papst Johannes Paul II. bei seiner Reise in die Dominikanische Republik und nach Mexiko. Bonn 1979, Seite 52, 56.

[63] Enzyklika „Populorum progressio", Nr. 31.

[64] Giulio Girardi, Revolutionäre Gewalt aus christlicher Verantwortung, Mainz 1971, Seite 66 bis 67.

[65] Johann Baptist Metz, Laudatio auf Ernesto Cardenal anläßlich der Verleihung des Friedenspreises des Deutschen Buchhandels, Seite 12.

[66] Karl Marx, Deutsche Ideologie, in: Frühschriften, Stuttgart 1953.

[67] Gustavo Gutiérrez: Theologie der Befreiung. München und Mainz 1973, Seite 21.

[68] Clodovis Boff, Die kirchliche Soziallehre und die Theologie der Befreiung, Seite 777.

[69] Leonardo Boff, Die Neuentdeckung der Kirche, Seite 74.

[70] Josef Stalin. Deutsche Übersetzung Berlin 1945, passim.

[71] Vgl. Manfred Spieker, Neomarxismus und Christentum, München–Paderborn–Wien 1974, Seite 48.

[72] Stanislaus Fumet, Christentum – Kommunismus, in: Schweizer Rundschau, 1948–49, Heft 2, Seite 184 bis 185.

[73] Enzyklika über die menschliche Arbeit, 7, 8, 13.

[74] Ebenda, Seite 13–14.

[75] Christlicher Glaube und soziale Veränderung in Lateinamerika: Editiones sigueme, Salamanca, 1973.

[76] Text der Erklärung in: Deutsche Tagespost, 16.–17. August 1985, Seite 13.

Zu Manfred Spieker: „Politik und Ökonomie in der Theologie der Befreiung"

[1] Gustavo Gutiérrez, Theologie der Befreiung, München 1973, Seite 232.

[2] Leonardo Boff, Zärtlichkeit und Kraft, Franz von Assisi mit den Augen der Armen gesehen, Düsseldorf 1983, Seite 119 f.; ders., Aus dem Tal der Tränen ins Gelobte Land, Der Weg der Kirche mit den Unterdrückten, Düsseldorf 1982, Seite 85.

[3] Clodovis Boff, Die kirchliche Soziallehre und die Theologie der Befreiung: Zwei entgegengesetzte Formen sozialer Praxis?, in: Concilium 17. Jg. (1981), Seite 777; Leonardo Boff, Aus dem Tal der Tränen (siehe Anm. 2), Seite 63.

[4] Erster Lateinamerikanischer Kongreß „Christen für Sozialismus", 23.–30. April 1972 in Santiago/Chile, Schlußdokument, in: Dorothee Sölle/Klaus Schmidt, (Hrsg.), Christentum und Sozialismus, Vom Dialog zum Bündnis, Stuttgart, 2. Aufl. 1977, Seite 30. Eine fundierte Kritik dieser Strömung findet sich bei Angelika Senge, Marxismus als atheistische Weltanschauung, Zum Stellenwert des Atheismus im Gefüge marxistischen Denkens, Paderborn 1983, Seite 267 ff.

[5] Gustavo Gutiérrez, Theologie (siehe Anm. 1), Seite 260 ff.; Leonardo Boff, Zärtlichkeit (siehe Anm. 1), Seite 128.

[6] Gustavo Gutiérrez, Theologie (siehe Anm. 2), Seite 263; Giulio Girardi, Revolutionäre Gewalt aus christlicher Verantwortung, Mainz 1971, Seite 48 bis 51.

[7] Giulio Girardi, ebenda, Seite 63.

[8] Ebenda, Seite 63.

[9] Hugo Assmann, Politisches Engagement aus der Sicht des Klassenkampfes, in: Concilium, 9. Jg. (1973), Seite 244.

[10] Gustavo Gutiérrez, Theologie (siehe Anm. 1), Seite 49.

[11] Alfonso Lopez Trujillo, Die ideologischen Voraussetzungen und Implikationen der Befreiungstheologie, in: Christlicher Glaube und gesellschaftliche Praxis, mit Beiträgen von Franz Hengsbach u. a., Aschaffenburg 1978, Seite 188. Vgl. auch Joseph Kardinal Höffner, Soziallehre der Kirche oder Theologie der Befreiung? in: Der Vorsitzende der Deutschen Bischofskonferenz, Bonn 1984, Seite 28 f.

[12] Dieser von Hans Maier, Kritik der politischen Theologie, Einsiedeln 1970, Seite 19, gegen die politische Theologie von J. B. Metz erhobene Vorwurf trifft ebenso die Theologie der Befreiung. Vgl. auch das Dokument der Internationalen Theologenkommission zur Theologie der Befreiung, Menschliches Wohl und christliches Heil, in: Herder-Korrespondenz, 32. Jg. (1978), Seite 26, auch in: Karl Lehmann u. a., Theologie der Befreiung, Einsiedeln 1977, Seite 179.

[13] Gustavo Gutiérrez, Theologie der Befreiung (siehe Anm. 1), Seite 72; ders., Die historische Macht der Armen, München/Mainz 1984, Seite 37 f.

[14] Hugo Assmann, Das Evangelium des Technologismus, Technologie und Macht aus der Sicht der Theologie der Befreiung, in: Horst Goldstein (Hrsg.), Befreiungstheologie als Herausforderung, Düsseldorf 1981, Seite 58.

[15] Leonardo Boff, Zärtlichkeit (siehe Anm. 2), Seite 125.

[16] Ders., Aus dem Tal der Tränen (siehe Anm. 2), Seite 18.

[17] Juan Luis Segundo, Die Option zwischen Kapitalismus und Sozialismus als theologische Crux, in: Concilium, 10. Jg. (1974), Seite 443.

[18] Leonardo Boff, Aus dem Tal der Tränen (siehe Anm. 2), Seite 190.

[19] Ebenda, Seite 129.

[20] Gustavo Gutiérrez, Theologie der Befreiung (siehe Anm. 1), Seite 47 f.; Hugo Assmann (siehe Anm. 9), Seite 52 und 62 f.; Schlußdokument des Kongresses „Christen für Sozialismus" (siehe Anm. 4), Seite 28; Leonardo Boff (siehe Anm. 2), Seite 777.

[21] Leonardo Boff, Aus dem Tal der Tränen (siehe Anm. 2), Seite 192.

[22] Die Evangelisierung in der Gegenwart und in der Zukunft Lateinamerikas, Dokument der III. Generalkonferenz des lateinamerikanischen Episkopats in Puebla, in: Stimmen der Weltkirche, hrsg. vom Sekretariat der Deutschen Bischofskonferenz, Nr. 8, Bonn 1979, Ziffer 8, 65, 428 und 541 (im folgenden Puebla).

[23] Gustavo Gutiérrez, Die historische Macht der Armen (siehe Anm. 13), Seite 34 und 103 f.; Leonardo Boff, Aus dem Tal der Tränen (siehe Anm. 2), Seite 47 f.

[24] Hugo Assmann, Das Evangelium des Technologismus (siehe Anm. 14), Seite 60.

[25] Leonardo Boff, Aus dem Tal der Tränen (siehe Anm. 2), Seite 88.

[26] Ders., Ich habe mich für die Armen entschieden . . ., Interview mit der italienischen Zeitschrift „Europeo" vom 22. 9. 1984, deutsch in: Blätter für deutsche und internationale Politik, 30. Jg. (1985), Seite 200.

[27] Menschliches Wohl und christliches Heil (siehe Anm. 12), Seite 30.

[28] Schlußdokument des Kongresses „Christen für Sozialismus" (siehe Anm. 4), Seite 34.

[29] Gustavo Gutiérrez, Theologie der Befreiung (siehe Anm. 1), Seite 264 ff.

[30] Leonardo Boff, Aus dem Tal der Tränen (siehe Anm. 2), Seite 117.

[31] Ders., Zärtlichkeit und Kraft (siehe Anm. 2), Seite 154. Vgl. auch ders., Theologie hört aufs Volk, Ein Reisetagebuch, Düsseldorf 1982, Seite 70 und ders., Kirche: Charisma und Macht, Düsseldorf 1985, Seite 211 f.

[32] José Miguez Bonino, Theologie im Kontext der Befreiung, Göttingen 1977, Seite 92. Zur Auferstehung hat sich aus einer ähnlich radikalen Position wie Miguez Bonino auch Ernesto Cardenal während seines Besuches in der DDR 1982 geäußert: „Wir sehen in der Auferstehung keinen individuellen, sondern einen kollektiven Akt, der mit der Befreiung aller Menschen identisch ist. Das Reich Gottes, das Reich des Himmels, verstehe ich als die vollendete humanistische Gesellschaft. Weiterleben nach dem Tod bedeutet, sich heute für andere Menschen zu engagieren, denn in ihnen vermag ich fortzubestehen." Zitiert in: Frankfurter Allgemeine Zeitung vom 5. 5. 1982, Seite 7.

[33] Die Evangelisierung in der Gegenwart und in der Zukunft Lateinamerikas (siehe Anm. 22), Ziffer 545.

[34] Instruktion der Kongregation für die Glaubenslehre über einige Aspekte der „Theologie der Befreiung", vom 6. 8. 1984, in: Verlautbarungen des Apostolischen Stuhls, hrsg. vom Sekretariat der Deutschen Bischofskonferenz (im folgenden VAS), Heft 57, Bonn 1984, Seite 19.

[35] Gustavo Gutiérrez, Theologie der Befreiung (siehe Anm. 1), Seite 46.

[36] Ebenda, Seite 106 f.; Leonardo Boff, Aus dem Tal der Tränen (siehe Anm. 2), Seite 62 und 111 und passim.

[37] Leonardo Boff, Zärtlichkeit und Kraft (siehe Anm. 2), Seite 20 f.

[38] Ebenda, Seite 89.

[39] Gustavo Gutiérrez, Theologie der Befreiung (siehe Anm. 1), Seite 104.

[40] Leonardo Boff, Zärtlichkeit und Kraft (siehe Anm. 2), Seite 65.

[41] Ebenda, Seite 109.

[42] Leonardo Boff, Aus dem Tal der Tränen (siehe Anm. 2), Seite 55.

[43] Pastoralkonstitution „Gaudium et spes", Ziffer 71. Vgl. auch Joseph Kardinal Höffner, Christliche Gesellschaftslehre, Studienausgabe, Kevelaer 1975, Seite 173 ff.

[44] Pius XI., Quadragesimo anno, Ziffer 101.

[45] Vgl. Paul VI., Populorum progressio, Ziffer 26; Johannes Paul II., Laborem Exercens, Ziffer 7 und 14.

[46] Johannes Paul II., Vorrangige Option für die Armen, Weihnachtsansprache an die Kardinäle und die Römische Kurie am 21. 12. 1984, in: Osservatore Romano (deutsche Wochenausgabe), vom 4. 1. 1985, Seite 5.

[47] Vgl. Renato Poblete, Theologie der Befreiung und Politik, in: Franz Hengsbach/Alfonso Lopez Trujillo (Hrsg.), Utopie der Befreiung, Aschaffenburg 1976, Seite 25 f.

[48] Gustavo Gutiérrez, Theologie der Befreiung (siehe Anm. 1), Seite 262; Clodovis Boff (siehe Anm. 3), Seite 777; Hugo Assmann, Das Evangelium des Technologismus (siehe Anm. 14), Seite 55.

49 Leonardo Boff, Aus dem Tal der Tränen (siehe Anm. 2), Seite 206; ders., Zärtlichkeit und Kraft (siehe Anm. 2), Seite 119 f.

50 Gustavo Gutiérrez, Theologie der Befreiung (siehe Anm. 2), Seite 189.

51 Ebenda, Seite 232 f.

52 Leonardo Boff, Interview mit Europeo (siehe Anm. 26), Seite 199. Vgl. auch Hugo Assmann, Das Evangelium des Technologismus (siehe Anm. 14), Seite 55 f.

53 Gustavo Gutiérrez, Die historische Macht der Armen (siehe Anm. 13), Seite 103 f.

54 Hugo Assmann, Das Evangelium des Technologismus (siehe Anm. 14), Seite 64 f.; Leonardo Boff, Aus dem Tal der Tränen (siehe Anm. 2), Seite 93 ff.

55 Clodovis Boff (siehe Anm. 3), Seite 776.

56 Leonardo Boff, Zärtlichkeit und Kraft (siehe Anm. 2), Seite 129.

57 Ebenda, Seite 89.

58 Zur Kritik an der Geschichtsphilosophie, an der Hermeneutik und an der Marxismusrezeption der Befreiungstheologie vgl. Manfred Spieker, Karl Marx – ein Kirchenlehrer? Katholische Soziallehre und Theologie der Befreiung, in: Die politische Meinung Nr. 218 (Januar/Februar 1985), Seite 38 ff. Spanisch: La defensa de la Iglesia ante la teologica de la liberacion, in: Tierra Nueva Nr. 54 (Juli 1985), Seite 38 ff.

59 Bedrohung der neuen Wege in der Kirche, Erklärung der in Nijmegen versammelten Theologen von Concilium zu den neuen Angriffen gegen die Theologie der Befreiung, in: Concilium, 20. Jg. (1984), Seite 359; Rául Fornet-Betancourt, Der Marxismusvorwurf gegen die lateinamerikanische Theologie der Befreiung, in: Stimmen der Zeit, 203. Bd. (1985), Seite 235.

Zu Martin Honecker: „Wirtschaftliche Abhängigkeit aus der Sicht der Theologien der Befreiung und evangelischer Sozialethik“

1 Vgl. Art. Imperialismus (H. Rumpler, Kath. Soziallexikon 1980^2, Seite 1146–1153.

2 Text bei E. Feil/R. Weth, Diskussion zur Theologie der Revolution, 1969, Seite 356, 364, vgl. auch Seite 356–359.

3 Reinhard Frieling, Befreiungstheologien, Benheimer Hefte 63, 1984, Seite 92.

4 Ebenda, Seite 94.

5 Ebenda, Seite 96.

6 Ebenda, Seite 105.

7 In der Stunde Null, 1979, Seite 91.

8 In der Stunde Null, Seite 132.

9 Hermann Sautter, Armut und Reichtum auf Weltebene und die Grenzen politischer Lösungsversuche, 1983, Seite 132.

10 Arthur Rich, Wirtschaftsethik. Grundlagen in theologischer Perspektive, 1984; vgl. auch: Otto Schlecht, Ethische Betrachtungen zur sozialen Marktwirtschaft, 1983.

Zum Anhang: „Instruktion der Kongregation für die Glaubenslehre über einige Aspekte der ‚Theologie der Befreiung'"

1 Vgl. II. Vatikanisches Konzil, *Gaudium et spes,* 4.
2 Vgl. II. Vatikanisches Konzil, *Dei verbum,* 10.
3 Vgl. *Gal* 5, 1 ff.
4 Vgl. *Ex* 24.
5 Vgl. *Jer* 31, 31–34; *Ez* 36, 26 ff.
6 Vgl. *Zef* 3, 12 ff.
7 Vgl. *Dtn* 10, 18–19.
8 Vgl. *Lk* 10, 25–37.
9 Vgl. *2 Kor* 8, 9.
10 Vgl. *Mt* 25, 31–46; *Apg* 9, 4–5; *Kol* 1, 24.
11 Vgl. *Jak* 5, 1 ff.
12 Vgl. *1 Kor* 11, 17–34.
13 Vgl. *Jak* 2, 14–26.
14 Vgl. *AAS* 71 (1979) 1144–1160.
15 Vgl. *AAS* 71 (1979) 196.
16 Vgl. *Evangelii nuntiandi,* 25–33: *AAS* 68 (1976) 23–28.
17 Vgl. *Evangelii nuntiandi,* 32: *AAS* 68 (1976) 27.
18 Vgl. *AAS* 71 (1979) 188–196.
19 Vgl. II. Vatikanisches Konzil, *Gaudium et spes,* 39; Papst Pius XI., *Quadragesimo anno: AAS* 23 (1931) 207.
20 Vgl. Nr. 1134–1165 und Nr. 1166–1205.
21 Vgl. *Dokument von Puebla* IV, II.
22 Papst Paul VI., *Octogesima adveniens,* 34: *AAS* 63 (1971) 424–425.
23 Vgl. II. Vatikanisches Konzil, *Lumen gentium,* 9–17.
24 Vgl. II. Vatikanisches Konzil, *Gaudium et spes,* 39.
25 Vgl. *Apg* 2, 36.
26 Vgl. *1 Kor* 10, 1–2.
27 Vgl. *Eph* 2, 11–22.
28 Vgl. *Dokument von Puebla* I, III, 3. 3.
29 Vgl. *Lk* 10, 16.
30 Vgl. Papst Johannes Paul II., *Eröffnungsrede auf der Konferenz von Puebla: AAS* 71 (1979) 188–196; *Dokument von Puebla* II, I.
31 Vgl. Papst Johannes Paul II., *Rede an die Favela „Vidigal" in Rio de Janeiro,* 2. Juli 1980: *AAS* 72 (1980) 852–858.
32 Vgl. *Dokument von Puebla* II, II, 5. 4.
33 Vgl. *Dokument von Puebla* IV, III, 3. 3.
34 Vgl. *Dokument von Puebla* IV, II, 2. 3.
35 Papst Paul VI., *Credo des Gottesvolkes,* 30. Juni 1968: *AAS* 60 (1968) 443–444.

Theologien der Befreiung